中国金融稳定报告

China Financial Stability Report

2005

中国人民银行金融稳定分析小组

中国金融出版社

行长致辞

金融是现代经济的核心，维护金融稳定是国民经济健康稳定发展和社会长治久安的保障。据世界银行统计，自20世纪70年代末到21世纪初，全球有93个国家先后爆发了112次系统性银行危机。危机不但使一国多年的经济发展成果毁于一旦，而且扩大了贫富差距，加剧了社会矛盾。1997年爆发的亚洲金融危机及其对世界经济产生的强烈冲击，把金融稳定的重要性推到了史无前例的高度，并促使人们拓宽对金融稳定内涵和外延的认识。

各国中央银行承担着维护金融稳定的天然职能。近几十年来，这一职能不断得到强化，中央银行承担最后贷款人的职能，并对保持金融体系的流动性和保证支付结算体系的平稳运行发挥着重要作用。中央银行维护金融稳定的职能与制定和执行货币政策的职能是相互促进的。从有关国家和地区的实践来看，中央银行在金融稳定方面的实际角色与责任远远超过了理论上的定位。

国际金融组织非常重视金融稳定工作。国际货币基金组织和世界银行于1999年5月联合推出了“金融部门评估规划（FSAP）”，以此加强对成员国和地区金融脆弱性的评估与监测，减少金融危机发生的可能性。目前，有80多个经济体完成了FSAP。国际货币基金组织还加强了对全球金融稳定性的评估，定期出版《全球金融稳定报告》。另外，国际上也出现了多种形式的金融稳定论坛，旨在推动各国在金融稳定方面的交流与合作。

随着中国经济金融实力的稳步提高，中国的金融稳定不仅对中国，而且对亚洲乃至全球金融稳定都具有重大意义。

1997 年亚洲金融危机后，党中央、国务院居安思危，高度重视金融稳定工作，采取了一系列措施整顿金融秩序，有效地处置了金融风险。这些措施包括：强化对国有重点金融企业的财务监督和业绩考核；发行 2 700 亿元特别国债，补充国有商业银行资本金；成立金融资产管理公司，处置四家国有商业银行不良贷款；关闭一批严重违法经营、资不抵债的金融机构，防止支付风险蔓延；加强金融监管，实行审慎会计原则、贷款质量五级分类制度和银行信息披露办法；等等。

《中共中央关于完善社会主义市场经济体制若干问题的决定》（简称《决定》）是新时期中国维护金融稳定的指导性文件。2003 年以来，根据《决定》的精神，中国政府进一步采取措施，深化金融改革，维护金融稳定。在金融管理体制方面，建立了银行、证券、保险分业监管的金融监管体制；修改了《中国人民银行法》，明确和加强了中国人民银行防范和化解金融风险、维护金融稳定的职能。按照《中国人民银行法》的要求，中国人民银行正在积极探索确立金融稳定的目标和任务、明确维护金融稳定的方式。

在金融机构改革方面，国有独资商业银行股份制改革成效显著，中国银行、中国建设银行、中国工商银行在股份制改革过程中，现代公司治理结构开始发挥作用，资本充足率、资产质量、风险拨备和盈利水平等财务指标大幅度提高，抵御金融风险的能力大大增强。深化农村信用社改革取得重大进展，试点地区农村信用社经营状况开始好转，资金实力明显增强。交通银行、中国人民财产保险股份有限公司、中国人寿保险股份有限公司和中国平安保险（集团）股份有限公司在境外成功上市，提升了公司治理水平，增强了国际竞争力。

在金融市场建设方面，中国政府注重建立健全货币市场、资本市场、保险市场有机结合并协调发展的机制，维护金融市场平稳运行，防范系统风险。近年来，货币市场和保险市场日益完善，参与主体日渐多元化，产品逐步多样化，跨市场的金融创新产品不断出现。2004年初颁布的《国务院关于推进资本市场改革开放和稳定发展的若干意见》对资本市场发展和证券业改革进行了整体部署，将大力发展资本市场提升到国民经济发展全局的战略高度，资本市场的深层次问题有望得到稳妥解决。

未来几年，中国人民银行将会同有关部门，继续探索维护金融稳定的新方法、新途径和新手段；建立健全中央银行、财政部门同银行、证券、保险监管机构之间的协调机制，提高金融监管水平；建立和完善存款保险制度、证券投资者保护制度和保险保障制度，建立灵活有效的金融风险应急机制。

总的来讲，通过深化改革，中国实现了金融稳定。同时，由于中国在经济转轨过程中积累的金融风险和历史包袱较重，在建设社会主义市场经济体制进程中还会出现许多新的金融风险。目前，中国直接融资与间接融资比例失调，银行贷款占GDP的比例过高，金融风险集中于银行业；币值稳定仍然面临很大的潜在压力，汇率形成机制仍待进一步完善；金融机构的风险控制和公司治理水平离现代企业制度的要求还有一定差距，金融创新能力不足；在金融机构风险处置中，防范道德风险的任务依然艰巨；金融生态环境有待进一步改善。伴随着中国经济增长方式的转变、产业结构的调整以及国际经济金融形势的变化，日益开放的中国金融体系必然面临更多的内外部冲击和压力，维护金融稳定的任务艰巨，需要各个部门的共同努力和全社会的关注与支持。

对中国金融体系的稳定性进行全面评估，是正确判断金融形势、及时化解金融风险、有效维护金融稳定的重要基础性工作之一。国务院明确要求中国人民银行要加强对系统性金融风险的监测和防范，做好金融稳定评估工作。中国人民银行决定从2005年起，定期出版《中国金融稳定报告》。

该报告的出版对中国人民银行开展和促进金融稳定工作具有重要的现实意义。期望该报告能够起到及时介绍中国金融改革、开放与发展的方针政策，透明地展示中国金融稳定工作的进展，增强社会公众、市场主体和国际社会对中国金融稳定的理解及对金融体系信心的作用，成为中国人民银行与国内外各方在金融稳定方面交流与合作的重要平台。

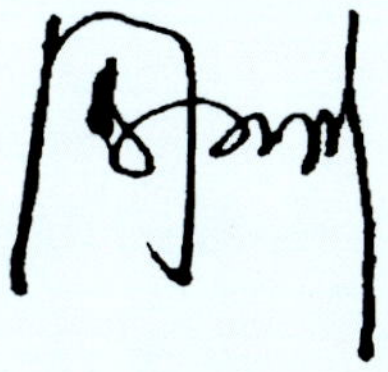

中国人民银行行长

二〇〇五年九月十五日

中国人民银行金融稳定分析小组

组　长：吴晓灵

副组长：刘士余

成　员（以姓氏笔画为序）：

王允贵　许罗德　陈小云　杜金富

张　新　张晓慧　金　琦　胡正衡

唐　旭　唐思宁　凌　涛　穆怀朋

戴根有

《中国金融稳定报告（2005）》编写组

总　纂：张　新

统　稿：王素珍　孙　涛　陈建新　徐　忠

执　笔（以姓氏笔画为序）：

马玉娟　万存知　万重山　王　云　王　聪
王习武　王玉玲　王国建　王晓蕾　王素珍
孙　涛　刘　珂　伍　戈　闫先东　齐剑辉
陈之为　陈建新　陈敏强　沈　明　李　波
李　莲　李文勇　邹平座　杨丽慧　张　新
张汉桥　张健华　杜要忠　庞继英　姜　姗
殷　实　袁沁敔　徐　忠　秦国楼　陶　玲
黄　萍　曹媛媛　颜海波　穆　原

其他参与写作人员（以姓氏笔画为序）：

王少群　刘卫江　肖玉萍　李　臣　李　妍
李　萱　张　伟　张怀清　张国建　杨　柳
陈　敏　陈耀刚　单东辉　洪　波　侯雅丽
栗志纲　贾润军　黄　佳　曹雪锋　储爱武
谢　丹　熊莲花　欧阳昌民

编写说明

对金融体系的稳定性进行全面评估，是防范和化解金融风险、推动金融改革、维护金融稳定的一项基础性工作，是对一国金融体系健康状况进行的综合检查和全面评价。1996 年，英格兰银行率先对本国金融体系的稳定性进行了全面评估，并发布了世界上第一份《金融稳定报告》。随后，法国、丹麦、瑞典、韩国、新加坡等国家的中央银行都定期对本国金融体系进行评估，并公开发布《金融稳定报告》。

中国人民银行高度重视金融稳定评估工作。为提高金融稳定政策的透明度和前瞻性，中国人民银行决定自 2005 年起，定期发布《中国金融稳定报告》，周小川行长作出重要批示，要求高质量地完成。为此，中国人民银行成立了金融稳定分析小组，吴晓灵副行长、刘士余行长助理分别任组长和副组长，金融稳定局、条法司、货币政策司、金融市场司、调查统计司、会计财务司、支付结算司、国际司、人事司、研究局、征信管理局、反洗钱局、国家外汇管理局等部门的负责人为主要成员。分析小组分工合作，深入研究，反复修改，撰写出了 2005 年的《中国金融稳定报告》。中国金融出版社为本报告的出版做了大量基础工作。

本期《中国金融稳定报告》结构安排如下：第一部分综述中国金融稳定情况；第二部分分析宏观经济金融运行对金融稳定的影响；第三部分讨论金融市场发展与金融稳定的关系；第四部分探讨金融业改革与发展，重点分析影响金融稳定的金融机构问题及改革措施；第五部分分析金融基础设施与金融生态环境，讨论如何从支付体系、法律环境、公司治理、会计标准、信用环境、洗钱与反洗钱、金融安全网建设等方面进一步改善金融生态环境，维护金融稳定。穿插于各部分中的 18 个专栏定向剖析一些关系中国金融稳定的重大议题及案例。

这部展现在读者面前的《中国金融稳定报告》，是中国人民银行对中国金融稳定性进行全面评估的初步尝试。我们尽可能全面地分析有关中国金融稳定的理论与实践问题，但由于理论知识水平有限，又缺乏金融稳定评估的实践经验，这部《中国金融稳定报告》肯定会有很多不足，恳请各界提出批评意见和建议。我们将努力改进，使今后发布的《中国金融稳定报告》日臻成熟和完善。

中国人民银行金融稳定分析小组

二〇〇五年九月十五日

目录

专栏

第一部分

综 述

金融稳定事关政治、经济和社会稳定。20 世纪 90 年代以来，墨西哥、泰国、印度尼西亚、韩国、俄罗斯、巴西和阿根廷等国家相继出现金融动荡，造成巨大经济损失，有的甚至引发政治和社会危机。各国政府和国际金融组织日益重视金融风险的评估和金融体系的稳健性建设，着力提高防范金融风险、抵御金融危机的能力。

近 20 多年来，中国改革开放和社会主义市场经济建设取得了令人瞩目的成就，实现了政治、经济和社会稳定，为金融稳定营造了良好的宏观环境。中国政府高度重视金融稳定问题，2003 年，中国政府对金融管理体制作出了重大调整，成立中国银行业监督管理委员会，由其负责对银行业金融机构监管；同时，修改了《中国人民银行法》，明确和加强了中国人民银行防范和化解金融风险、维护金融稳定的职能。国务院还明确要求中国人民银行加强对系统性金融风险的监测和防范，做好金融稳定评估工作。中国人民银行和有关政府部门认真贯彻党中央、国务院的方针和政策，密切配合、共同努力，积极防范和化解金融风险，大力推动金融体制改革，维护金融稳定。中国经济和金融体制转型过程中面临的一些金融风险，正通过完善社会主义市场经济体制、深化金融改革得到妥善处理。中国金融总体稳定，前景光明。

一、金融稳定的定义、维护金融稳定的框架和工具

（一）金融稳定的定义

金融稳定是指金融体系处于能够有效发挥其关键功能的状态。在这种状态下，宏观经济健康运行，货币和财政政策稳健有效，金融生态环境不断改善，金融机构、金融市场和金融基础设施能够发挥资源配置、风险管理、支付结算等关键功能，而且在受到内外部因素冲击时，金融体系整体上仍然能够平稳运行。

正确理解金融稳定，需要把握好以下几个方面：一是要正确处理好改革、发展和稳定的关系。在判断金融稳定形势、处置金融风险的工作中，要坚决贯彻党中央、国务院关于一切服从稳定大局的方针政策，深入基层，体察民情，综合考虑金融风险对金融、经济、政治和广大人民群众的影响，落实科学发展观，构建和谐社会。二是要高度关注金融体系的系统性风险。应强调金融体系的整体稳定及其关键功能的正常发挥，注重防止金融风险跨行业、跨市场、跨地区传染，核心是防范系统性风险。三是要处理好维护金融稳定和防范道德风险的关系。金融稳定并不追求金融机构的“零倒闭”，而是要建立一个能使经营不善的金融机构被淘汰出局的机制，加强市场约束，防范道德风险。四是处

理好维护金融稳定和提高金融效率的关系。既要通过审慎监管降低金融体系的风险，又要避免出现因监管过度使市场主体承担过高成本、抑制金融创新、阻碍金融效率提高的状况。五是要动态地看待金融稳定。在金融体系相对稳定的时候，也要重视潜在风险，建立健全金融风险预警机制和金融安全网，及时处理风险苗头。六是要全面考察影响金融稳定的各个层面。不仅强调金融机构和金融市场的稳定，而且关注宏观经济、金融基础设施和金融生态环境对金融稳定的影响。七是要采用定性和定量相结合、理论和实践经验相结合的分析方法，综合评判金融稳定情况，既要注意金融稳健指标体系的建设，又要防止用单一、简单的量化标准来衡量金融稳定。

专栏1：国际社会对金融稳定的定义

金融稳定（Financial Stability）内涵丰富，至今缺乏统一定义。目前，各国中央银行、国际金融组织和专家学者主要从两个角度理解金融稳定。

一是从金融不稳定（Financial Instability）的角度理解金融稳定，将金融稳定定义为“不存在金融不稳定”（Absence of Financial Instability）。鉴于对金融稳定的理解存在较大分歧，长期以来中央银行和专家学者一般都回避直接定义金融稳定。美国联邦储备委员会副主席 Roger Ferguson 认为，金融不稳定是指某些重要金融资产的价格严重偏离基本面，金融市场运行和信贷发放行为出现严重扭曲，妨碍经济增长的情形。加拿大中央银行 John Chant 认为，金融不稳定是指金融市场的负面状况通过影响金融体系而危害经济运行的状态。哥伦比亚大学 Frederic Mishkin 教授认为，当外部冲击干扰了企业、投资者和金融机构之间的信息正常流动，导致金融体系无法正常发挥为实体经济提供资金的功能时，便出现了金融不稳定。

二是直接定义金融稳定。为了规范中央银行金融稳定职能，更好地推动金融稳定工作，近年来一些中央银行和专家学者也开始尝试直接定义金融稳定。欧洲中央银行 Tomasso Padoa – Schioppa 认为，金融稳定是指金融机构、金融市场和金融基础设施运行良好，在遭到各种冲击时仍能维持储蓄向投资的有效转化的状态。荷兰银行 Nout Wellink 认为，金融稳定是指一个稳健的金融体系能够有效地配置资源，吸收冲击并阻止冲击对实体经济造成的破坏性影响，而且这个系统本身不应该成为冲击的发源地。斯坦福大学 Kenneth Scott 和 George Kaufman 教授认为，金融稳定指的是金融体系的系统性稳定，而不是个别金融机构的稳定，也不是金融业某些部门的稳定。

国际金融组织尚未对金融稳定作出明确的定义。在总结亚洲金融危机教训的基础上，国际货币基金组织和世界银行于1999年5月推出了“金融部门评估规划（Financial Sector Assessment Program，FSAP）”，全面评估、监测成员国及其他经济体的金融体系的稳健性和脆弱性。FSAP的基础是9个领域的标准与准则，即《货币与金融政策透明度良好行为准则》、《有效银行监管核心原则》、《重要支付系统核心原则》、《反洗钱与打击恐怖主义融资40+9条建议》、《证券监管目标和原则》、《保险监管核心原则和方法》、《公司治理原则》、《国际会计标准》、《国际审计标准》。根据这9个标准和准则，FSAP从宏观经济政策的稳健性和透明度、审慎监管对金融机构稳健运行的影响、金融基础设施（包括公司治理、会计和审计标准等）的有效性等方面评估金融体系是否稳健。这些标准与准则反映了国际金融组织对金融稳定的理解。

（二）维护金融稳定的框架和工具

大部分国家的中央银行自成立之初就有一定的金融稳定职能。近几十年来，这项职能不断得到强化，并已普遍成为中央银行的主要职能之一。

维护金融稳定是一项系统性工程，需要各相关部门的共同努力。根据《中国人民银行法》赋予的防范和化解金融风险、维护金融稳定的职责，中国人民银行与其他部门密切配合，共同维护金融稳定。在具体工作中，中国人民银行遵循以下框架维护金融稳定（图1－1）。

在此框架中，维护金融稳定分为监测和分析金融风险，评估和判断金融稳定形势，采取预防、救助和处置措施及推动金融改革三个层面。第一，对金融风险进行监测，密切跟踪和分析宏观经济环境、金融市场、金融机构、金融基础设施和金融生态环境及其变动情况。第二，按照有关评估标准和方法，评估和判断宏观经济环境、金融机构、金融市场、金融基础设施和金融生态环境对金融稳定的影响。第三，根据评估和判断的结果，采取应对措施。在金融运行处于稳定状态时，充分关注潜在风险，采取预防措施；在金融运行逼近不稳定的临界状态时，采取救助措施，对有系统性影响、财务状况基本健康、运营正常、出现流动性困境的金融机构提供流动性支持，并通过重组和改革，转换机

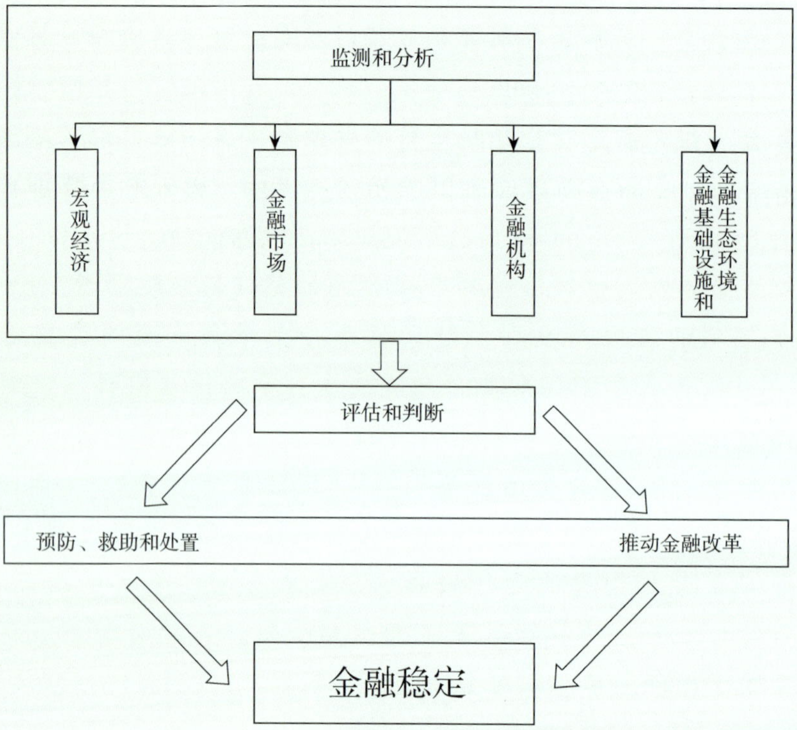

图1－1　中国维护金融稳定的框架

制，促使这些机构健康运行；在金融运行处于不稳定状态时，积极迅速采取危机处置措施，对严重资不抵债、无法持续经营的金融机构，按市场化方式进行清算、关闭或重组，强化市场约束，切实保护投资者利益，维护经济和社会稳定。同时，针对薄弱环节，及时推动经济体制、金融机构、金融市场、金融基础设施和金融生态环境方面的改革，通过全方位的改革促进金融稳定。

维护金融稳定需要有效的政策、工具和制度。结合国际经验和教训，根据中国人民银行和其他部门在维护金融稳定方面的实践，我们认为，适合中国国情的金融稳定政策、工具和制度安排主要包括：政治保障；利率、汇率、流动性支持、资本账户管理、舆论引导或道义劝告等工具；支付体系支持、法治支持、审慎监管、投资者保护制度、监管协调机制等制度安排。中国人民银行与其他部门密切合作，利用这些政策、工具和制度，维护金融稳定。

首先，政治保障是维护金融稳定的基础。党中央、国务院对金融稳定的高度重视和正确领导、各级地方政府的密切关注和积极应对、各相关部门的通力协作和具体落实是维护中国金融稳定的最重要的政治保障。

其次，根据《中国人民银行法》赋予的维护金融稳定的职责，中国人民银行综合运用利率、汇率、流动性支持、资本账户管理、支付体系支持等工具和制度，为金融机构和市场的稳健运行创造良好环境，维护金融体系的整体稳定。其中，利率工具是指在金融不稳定期间，中央银行通过降低或提高利率来稳定银行存款或防止资金大规模进出。汇率工具是指中央银行通过稳健和前瞻性的汇率政策，为金融稳定提供良好的汇率环境。流动性支持是指中央银行对可能引发系统性风险的金融机构所提供的资金支持。资本账户管理是指中央银行监测跨境资金流动或为应付金融恐慌而采取的管理措施。支付体系支持是指通过完善支付结算体系，确保资金在市场主体间正常周转。

在金融风险的苗头出现时，舆论引导或道义劝告是非常重要的工具。有关部门可以采用公开或非公开的方式与投资者、金融机构及相关方面及时沟通，传达政策意图，督促金融机构稳健经营，防止金融恐慌，维持市场信心。

最后，为维护金融稳定还需要各相关部门加强金融基础设施和制度建设，改善金融生态环境。其中，法治支持是指建立健全投资者保护、打击金融犯罪、防范和化解金融风险等法制体系并保证其有效实施。审慎监管是指监管机构制定和实施审慎监管政策，是促使金融机构和金融市场稳健运行的核心环节。投资者保护制度是指建立存款保险制度、证券投资者保护制度和保险保障制度，保护投资者权益，提高投资者的金融风险意识。监管协调机制是指在中国人民银行、财政部和金融监管机构之间，中央和地方之间，国内与国外之间建立有效的金融风险监测和处置的协调机制。为了维护金融稳定，还需要加强其他金融基础设施建设，包括完善公司治理，提高会计和审计标准，加强信用制度建设等。

二、中国金融稳定总体状况评估

（一）中国金融总体稳定，历史形成的风险已经得到有效处置，金融稳定机制正在形成与完善

党中央、国务院始终强调一切服从稳定大局，要求正确处理好改革、发展和稳定的关系。2004 年，党中央、国务院要求树立科学的发展观，把经济可持续发展作为战略目标，转变经济增长方式。这些方针政策为金融稳定营造了良好的宏观环境。中国金融机构的改革和发展取得重大进展，金融体系的风险得到及时处置，中国金融总体稳定。

一是政治经济环境良好。积极稳妥、进退有度的对外政治、经济和金融政策，为金融稳定营造了良好的国际环境。及时有效的宏观调控政策缓解了经济周期波动对金融稳定的冲击，宏观经济健康运行为金融稳定提供了良好的国内

环境。稳健的货币政策保持了币值稳定，为金融稳定提供了坚实的基础。

二是金融市场平稳运行。货币市场、债券市场、外汇市场等发展势头良好，市场规模不断扩大，金融工具种类增加，金融创新稳步推进。金融市场的健康发展促进了金融稳定。

三是积极探索建立处置金融机构风险的有效机制，基本化解了历史遗留的金融风险，并初步形成了市场化风险补偿和市场退出机制。在国务院领导下，中国人民银行、财政部、金融监管机构和地方政府密切协作，全面推进金融机构的风险处置、重组和改革，有效处置了银行、证券公司和信托投资公司等金融机构的金融风险，切实保护了投资者权益，提高了公众对金融机构的信心。在处置风险的过程中，初步形成了市场化处置不良资产的机制，市场约束机制逐步建立，投资者风险意识明显增强，金融机构规范运作水平得到提高，有效地维护了金融稳定和社会稳定。

四是金融机构改革成效显著，金融机构总体稳健。金融机构经营状况总体好转，资产质量明显改善，财务风险得到控制，公司治理进一步加强。其中，银行业改革发展取得重大进展。国有独资商业银行股份制改革成效显著，中国银行、中国建设银行财务状况明显改善，主要财务指标已接近国际大型商业银行水平，现代公司治理机制开始发挥作用。中国工商银行财务重组工作基本完成，并将在年内改组为股份有限公司。深化农村信用社改革试点工作推广到29个省（区、市），农村信用社经营状况开始好转，资金实力明显增强。其他国有商业银行、股份制商业银行、城市商业银行等银行类金融机构的改革和发展也取得了积极进展。证券公司重组和改革的思路及框架基本明确，改革的政策措施已初见成效。保险业改革和发展取得重大进展，国有保险公司重组改制基本完成。同时，中国继续履行加入世贸组织的承诺，不断扩大金融业对外开放的广度和深度。中国金融业在挑战中抓机遇，在改革中谋发展，初步实现了与国际金融体系的融合，国际竞争力不断提高。总体来说，中国已基本形成功能齐全、形式多样、分工协作、互为补充的较为健全的金融机构体系，各金融机构正在努力按资本充足、内控严密、运营安全、服务和效益良好的要求建设现代金融企业。

五是金融基础设施和金融生态环境日益改善，金融稳定机制正在形成和完善。在金融基础设施方面，中国人民银行大额支付系统逐步完善，以票据和银行卡为主体的支付结算工具体系已经建立，以现代化支付系统为核心、商业银行行内系统为基础、票据交换系统并存的支付清算系统格局初步形成。金融法治、金融机构公司治理、会计和审计标准、征信体系的建设都取得了长足进展。审慎监管日益得到重视，加强监管的必要性和重要性渐成共识。中国人民银行、财政部与监管机构之间的信息交流和政策协调得到加强，金融风险监测和处置的协调机制正在建立。金融安全网建设初见成效，存款保险制度、证券投资者保护制度和保险保障制度的建设正在进行和完善，为金融稳定奠定了制度基础。

另外，金融生态环境对金融稳定的重要性开始得到全社会的认知。中国政府大力改善金融生态环境，推动金融法制建设，增强执法力度，加快征信体系建设，培育企业和个人的信用意识，提高社会信用水平，依法保护投资者和金融机构的合法权益。

（二）中国维护金融稳定需要着重关注的方面

中国金融总体稳定，但仍需要密切关注金融体系中存在的问题，认真评估，切实防范金融风险，大力推动金融改革。当前，维护金融稳定需要着重关注十个方面。

一是关于经济增长方式的转变。现阶段中国经济增长对投资和出口的依赖程度较高，行业之间存在不均衡发展的问题。投资拉动型经济增长易导致部分行业过热和经济周期波动，出口对经济增长的贡献度易受国际贸易保护主义压力的影响，房地产、钢铁等行业的大起大落可能导致企业经营发展缺乏可持续性。如果经济环境发生变化、产业结构进行调整、出口环境恶化、房地产业等行业出现过热，可能会影响实体经济的盈利和可持续发展能力，最终会导致金融机构的不良资产上升，影响金融机构和金融市场的稳健运行。

二是关于直接融资和间接融资的协调发展。目前，中国直接融资发展较慢，直接融资与间接融资比例失调，债券市场和股票市场的发展总体滞后，企业融资高度依赖于银行体系，银行承担了一些本应由金融市场承担的风险，金融风险向银行业集中。资本市场目前仍面临诸多历史遗留问题和制度性缺陷，突出表现在上市公司信息披露的及时性和真实性有待提高，上市公司的质量和公司治理水平尚需改善，股权分置问题亟待全面解决，证券资产的市场化定价机制尚未完全建立，证券公司规范运作急需加强。

三是关于隐性财政赤字问题。社会保障资金不足、地方政府债务等形成的隐性财政赤字可能向金融体系转移，影响金融稳定。

四是关于资金价格的管制与放松。在利率市场化和汇率机制不断完善的过程中，企业、金融机构、居民和其他市场主体都需要适应从管制到放松的环境变化，学会认识和应对利率风险和汇率风险。目前需要建立多层次、多产品的金融市场，开发金融衍生产品，鼓励金融创新，增加可供市场主体选择的管理风险的金融工具。

五是关于金融机构公司治理的完善。金融机构的公司治理存在内部人控制、信息披露不足、经营目标偏差、缺乏明确有效的制约机制和市场激励机制等问题，影响金融机构的风险管理能力，容易引发信用风险和操作风险。

六是关于交叉性金融业务的风险监测和监管。交叉性金融业务是金融创新和金融业发展的必然结果。同时，交叉性金融业务涉及多种金融工具，体现金融机构和投资者之间复杂的权利义务关系，蕴藏着跨机构、跨市场和跨境风险。目前，投资者尚缺乏对交叉性金融业务的全面了解，风险意识不足，金融机构还没有建立起有效的交叉性金融业务风险防范和内控机制，对部分业务还存在着监管真空，监管制度有待完善。

七是关于金融机构风险处置中的资金筹措与道德风险防范。由于投资者保护制度尚待完善，投资者风险意识不足，近几年在救助和关闭金融机构过程中的个人债权通常由政府垫付，这种方式不利于提高投资者的风险意识和增强对金融机构经营活动的市场约束，还有可能诱发金融机构的盲目扩张和恶意经营行为。在风险处置中如何既维护金融稳定又防范道德风险，已经成为亟待解决的问题。

八是关于加强金融基础设施建设。支付服务组织的市场化运营机制尚未完全形成，支付结算管理水平有待提高。金融法制、会计和审计标准、信息披露水平 、征信体系建设都需要进一步加强。金融安全网尚待完善。中国人民银行、财政部与金融监管机构之间的信息共享和监管协调机制仍需进一步落实。

九是关于完善金融生态环境。金融系统受外部干预现象仍然存在。长期以来，金融系统大量地承担了企业改制的成本，在企业重组、破产的处置过程中，如果银行债权不能得到保障，就难以避免新的不良资产的产生。另外，在中国社会经济活动中，信用约束机制不强，不讲信用及逃废、悬空银行债务的现象时有发生。有法不依、执法不严的现象仍然存在，影响着金融稳定，甚至波及社会稳定。

十是关于经济和金融全球化的溢出效应。随着经济金融全球化的不断发展，中国金融稳定越来越多地受到国际经济金融环境的影响，面临着许多不可控因素，诸如油价上涨、全球升息、美元贬值、国际政治纷争、战争和地区冲突等。中国参与国际生产、贸易和资金循环的广度、深度不断扩大，与全球化收益相伴而来的不确定性和风险也在相应增加。另外，金融创新和金融自由化使全球金融体系一体化加强，金融风险跨境传染性增大，其他国家的金融运行状况对中国的影响加大。这些溢出效应给中国金融稳定带来更多的不确定性。

三、建立具有中国特色的金融稳定长效机制

维护金融稳定是一项系统工程，涉及多方面工作。中国人民银行将在党中央、国务院的领导下，与其他部门密切合作，坚持以改革和发展促稳定的基本思路，加强和完善宏观调控，妥善处理历史遗留问题，化解金融风险，优化金融结构、推进金融机构改革，完善金融市场，加强金融基础设施建设、改善金融生态环境，建立适合中国国情的金融稳定长效机制，维护金融体系的长期稳定。

一是认真贯彻和切实落实党中央、国务院的方针政策。维护金融稳定是一项长期而艰巨的任务。中国人民银行和有关政府部门将认真贯彻落实有关方针政策，树立科学的发展观，正确处理改革、发展和稳定的关系，密切合作，共同努力，及时处理影响金融稳定的苗头，维护金融稳定。

二是完善宏观调控体系，为金融稳定创造良好的环境。首先，加强和改善宏观调控，运用经济、法律手段，辅之以必要的行政手段，促进经济平稳运行和持续较快发展。其次，继续提高货币政策的前瞻性、及时性和有效性，疏通货币政策传导机制，进一步推动利率市场化改革。第三，有步骤地推进人民币汇率体制改革，逐步形成以市场供求为基础、有管理的人民币浮动汇率制度，保持人民币汇率在合理、均衡水平上的基本稳定。第四，加强货币政策与财政政策在制定和管理方面的协调，增强预算编制和执行的强制性，不断提高公共资金收支的透明度，提高财政的可持续发展能力，进一步发挥财政政策在金融稳定方面的作用。

三是加快推进金融机构改革。继续推进国有商业银行股份制改革，深化农村信用社改革，促进城市商业银行和城市信用社的重组和整合，推动金融资产管理公司的市场化运作，整顿和重组风险类证券公司，进一步推进保险业的改革，形成多层次的金融机构体系。

进一步完善金融机构的公司治理，鼓励金融产品创新。推动金融机构产权改革，明确产权主体。鼓励各类金融机构引进战略投资者，加快对外开放，发挥董事会、管理层和市场参与者的积极性，建立激励约束和充分竞争的机制。建立健全风险管理系统，完善内控机制。鼓励金融机构积极进行金融产品创新，提高金融效率。

四是大力推进资本市场改革开放和稳定发展。以资本市场改革为契机，妥善处理历史遗留问题，加强制度建设，建立多层次资本市场体系，完善资本市场结构，丰富资本市场产品，优化金融结构，促进直接融资发展，适当分流银

行储蓄，缓解银行风险过于集中的压力。

五是以市场化方式处置金融风险，着力防范道德风险。中国人民银行将会同财政部、金融监管机构和地方政府，继续做好风险化解和高风险金融机构的市场退出工作，防范系统性金融风险。同时，积极探索市场化处置金融风险的方式，防范道德风险。

六是促进金融基础设施建设。进一步推动支付结算体系的现代化建设。加强金融法制建设，积极推进《公司法》、《证券法》和《破产法》等重要法律的修订和完善。完善公司治理，提高会计和审计标准，建设征信体系。加快推进金融安全网建设，加强审慎监管，建立健全存款保险制度、证券投资者保护基金、保险保障基金，加强对投资者的金融知识和风险意识教育。加大反洗钱力度，深化反洗钱国际合作。探索建立由中国人民银行、财政部、银监会、证监会和保监会参与的制度化的金融监管协调机制。完善中央银行的最后贷款人职能，加强其与货币政策和投资者保护制度的协调。

七是改善金融生态环境。继续加大金融执法力度，提升公司治理理念，严格按照有关会计和审计标准真实披露信息，培育公众的信用意识，培养诚实、守信的信用文化，提升金融监管理念，强化金融监管。

八是借鉴国际经验，建立并完善金融风险监测、评估和防范的理论体系及操作框架。建设适合中国国情的金融稳定理论框架，建立金融稳定指标体系和早期风险预警体系，完善金融系统脆弱性的监测和评估方法，密切跟踪跨行业、跨市场和跨地区金融风险，制定应对各种金融突发事件的预案，建立应对不同类型、范围和程度的金融风险的快速反应机制。

第二部分

宏观经济与金融稳定

经济决定金融，良好的宏观经济环境是金融稳定的重要前提。经济运行的大起大落，会对金融机构稳健运行产生不利影响，甚至诱发金融风险。一般说来，分析宏观经济对金融稳定的影响，主要从经济增长、币值稳定、利率汇率政策和水平、国际收支平衡情况和财政收支状况等方面进行。经济平稳增长和以增长质量为重心的经济增长方式可增强经济抗风险能力，防止经济金融大幅波动，为金融稳定奠定坚实的物质基础。实现币值稳定有助于维护金融稳定，反之，在高通货膨胀的环境下，企业和金融机构的行为扭曲，社会不稳定，金融很难健康发展。准确反映资金稀缺程度的利率水平、适应本国经济发展需要的汇率制度与政策、良好的国际收支状况和充足的外汇储备，有助于一国经济实现内外均衡，降低爆发银行危机和货币危机的可能性。符合政府财力状况的、处于合理范围内的财政赤字和债务水平，可增强一国经济抵御内外冲击的能力。

改革开放以来，中国经济体制改革取得重大进展，社会主义市场经济体制初步建立，社会生产力、综合国力和人民生活水平全面提高，国民经济的持续快速增长为金融改革和金融稳定创造了良好的外部环境、提供了坚实的物质基础。2004 年以来，中国经济继续保持平稳较快发展，稳健货币政策得到有效贯彻实施，投资过快增长的势头得到一定程度的抑制，居民消费和收入稳定增长，价格涨幅趋缓，房地产市场调控效果初步显现，外贸出口快速增长，粮食生产形势良好，经济结构调整取得新进展。在国际方面，国际经济金融平稳运行，全球金融基本稳定，积极稳妥的人民币汇率形成机制改革、良好的国际收支状况、充足的外汇储备和循序渐进的资本账户开放政策为中国金融稳定提供了良好的国际环境。

为继续创造良好的宏观经济环境，需要进一步树立和落实科学发展观，加快经济体制改革和经济增长方式的转变，加大经济结构调整力度，推动金融体系的协调发展；综合运用经济和法律手段，加强和改善宏观调控，促进经济平稳运行；需要密切关注国际经济和金融环境的变化，关注美国升息、油价上涨、国际经济摩擦等因素对全球金融稳定的不利影响；研究经济全球化、国际经济结构调整、国际资金流动、汇率环境变化及贸易保护主义压力等对中国金融稳定的影响。

宏观经济运行

中国经济平稳运行和持续较快发展，宏观调控机制不断完善，为金融稳定奠定了坚实基础，创造了良好环境。同时，需要继续关注经济增长方式、经济结构和金融结构等方面对金融体系健康发展的影响。

一、经济平稳较快发展为金融稳定奠定了坚实的物质基础

（一）国民经济平稳较快发展

自党的十一届三中全会开始改革开放、十四大确定社会主义市场经济体制改革目标以及十六届三中全会作出完善社会主义市场经济体制相关决定以来，中国经济体制改革的理论和实践取得重大进展，社会主义市场经济体制初步建立。改革的不断深化，极大地促进了社会生产力、综合国力和人民生活水平的提高，使中国经受住了国际经济金融动荡和国内严重自然灾害、重大疫情等严峻考验。

1978～2004 年的 27 年间，中国经济年均增长率达到 9.4%，是同期世界上经济增长最快、持续时间最长的国家。中国经济持续快速增长，经济效益大幅提高，结构调整取得新进展，经济自主增长能力增强；城乡居民收入持续提高；财政收入占 GDP 比重继续上升；外贸进出口大幅增长，外汇储备大量增加，人民币币值保持基本稳定；实际利用外资稳步上升；国内外债务比重均在安全线以内。

2004 年以来，中国经济继续保持平稳较快发展，综合国力进一步增强；改革取得重要进展，对外开放实现新突破；社会事业加快发展，人民生活继续改善。2004 年，国内生产总值达到 13.65 万亿元，比上年增长 9.5%；财政收入 2.63 万亿元，增长 21.4%；社会消费品零售总额 5.4 万亿元，增长 13.3%；进出口贸易总额 1.15 万亿美元，增长 35.7%，由上年居世界第四位上升为第三位；城镇新增就业 980 万人，超过预期目标；城镇居民人均可支配收入实际增长 7.7%，农民人均纯收入实际增长 6.8%。2005 年上半年，中国经济继续保持平稳较快发展。国民经济良好运行态势为推动金融体制改革、维护金融稳定提供了较为坚实的物质基础。

（二）落实科学发展观，宏观调控得到加强和改善

科学发展观是中国共产党对社会主义现代化建设指导思想的新发展。它进

一步强调发展是硬道理，要以经济建设为中心，注重提高经济增长质量和效益；要以人为本，注重“五个统筹”，实现经济社会全面协调可持续发展。近两年来的宏观调控，是认真落实科学发展观的重要实践。宏观调控与市场机制都是社会主义市场经济体制的有机组成部分。在更大程度地发挥市场在资源配置中的基础性作用的同时，也要注意加强和改善宏观调控。在宏观调控中，党中央、国务院根据经济运行的变化，比较好地把握了调控的方向、重点、时机和力度，改进了调控方式方法，主要运用了经济、法律手段，辅之以必要的行政手段，促进了经济平稳运行和持续较快发展。

2004 年以来，中国经济运行中出现了一些新问题，主要是粮食供求关系趋紧、固定资产投资增长过猛、货币信贷投放过快、煤电油运紧张。如果任其发展下去，局部性问题就会演变为全局性问题。党中央、国务院审时度势，及时作出了加强宏观调控的决策和部署，按照果断有力、适时适度、区别对待、注重实效的原则，着力解决影响经济平稳较快发展的突出问题。经过全国上下共同努力，宏观调控取得明显成效。当前，投资过快增长的势头得到一定程度的抑制，居民收入和消费稳定增长，价格涨幅趋缓，房地产市场调控效果初步显现，外贸出口快速增长，粮食生产形势良好，工业继续较快增长，结构调整取得新进展。经济运行中不稳定、不健康因素得到抑制，薄弱环节得到加强，避免了经济大起大落，为维护金融稳定提供了较好的经济环境。

二、宏观经济运行中需要关注的方面

目前，关于宏观经济运行对金融稳定的影响尚没有统一的分析框架。参照国际上通用的“金融部门评估规划（FSAP）”有关准则和评估方法，结合中国国情，为维护金融稳定，需要继续重点关注经济增长方式、经济结构和金融结构等几个方面。

（一）经济增长方式的转变

目前，中国经济增长方式仍属于要素投入型增长，经济增长长期过度依赖投资和出口，储蓄率和投资率偏高，消费率偏低。

从 20 世纪 80 年代中期至今，投资拉动始终是中国经济增长的主要特征之一。一方面，投资率由 2001 年的 38% 增至 2004 年的 51%，2005 年上半年，投资率仍维持在较高水平；另一方面，投资效益较低。这种依靠投资的粗放型经济增长模式使得能源、资源供给瓶颈依然突出。与以提高增长质量为重点的经济增长方式相比，投资拉动型经济增长更容易导致经济剧烈波动，并可能使银行不良资产增加，对金融稳定产生不利影响。

作为中国经济增长的支柱产业之一，房地产业可以拉动内需，扩大消费，加速实现城镇化，对促进经济社会全面发展起到重要作用。同时，也要关注房地产投资的大起大落对经济和金融健康发展的影响。1992 年以来，中国房地产业投资经历了三个阶段：第一个阶段从 1992 年 2 月到 1995 年 7 月。1993 年宏观调控前，房地产投资快速增长，增长率最高达 147%；1993 年宏观调控后，房地产投资大幅回落，于 1995 年 7 月降至最低点。第二个阶段从 1995 年 8 月至 1997 年 12 月，房地产业进入收缩期。第三个阶段从 1998 年至今。随着 1998 年取消住房实物分配为主的住房制度改革和 2000 年个人住房贷款政策的实施，房地产投资发展快速，年投资增长速度保持在 30% 以上。房地产投资在较大程度上依赖银行贷款。部分地区的房地产价格波动可能导致银行信贷资产质量下降。此外，一些地方政府财政收入受房地产业的影响较大，地方政府的财政脆弱性增加。

出口对经济增长的高贡献度是中国经济增长的另一个重要特征。一方面，出口在拉动经济增长、促进就业和推动开放型经济的形成与发展方面起到重要作用。另一方面，较大程度上依赖出口的经济增长方式进一步加剧了经济结构不平衡，国内原材料、能源更趋紧缺，经济抵御外部冲击的能力受到影响。2005 年上半年，经济增长对出口依赖增强。出口增长 32.7%，进口增长 14%，实现贸易顺差 396 亿美元，同比扩大 472 亿美元，净出口对经济增长的贡献度大幅提升。此外，在对美贸易顺差大幅度增加、整体贸易顺差扩大的形势下，针对中国的反倾销调查大幅增加，贸易摩擦升级。如果国内消费需求不能及时跟上，经济平衡增长可能难以持续，不利于金融稳定。

（二）经济结构的优化

从产业结构看，投资向第二产业集中，第一产业和第三产业面临资金约束。从 2004 年三个产业的投资集中状况来看（图 2－1），剔除第三产业中的房地产投资后，第二产业投资大于第三产业，并且远远大于第一产业。在要素投入型经济增长方式下，需要使资金和劳动力在三大产业更加合理配置，增强经济抵御内外部冲击的能力。

从所有制结构看，国有企业投资总额远远超过集体企业和个体企业的投资总额（图 2－2），而非国有企业在中国经济发展中的作用越来越大，非国有企业的经营效率也高于国有企业。从全社会来看，金融资源配置尚未充分支持效率较高的市场主体。长远看，金融资源配置效率不高不利于金融稳定。

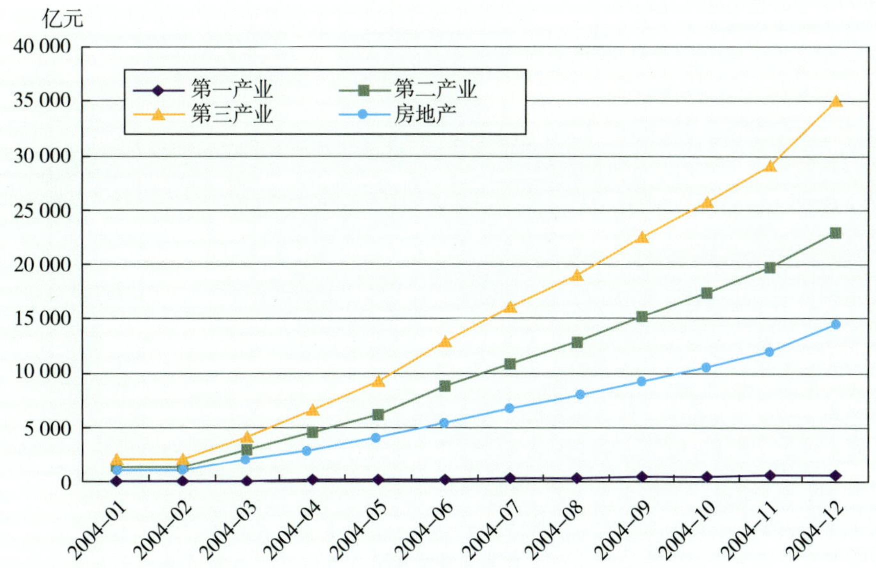

图 2－1　三个产业及房地产业的投资分布

数据来源：CEIC。

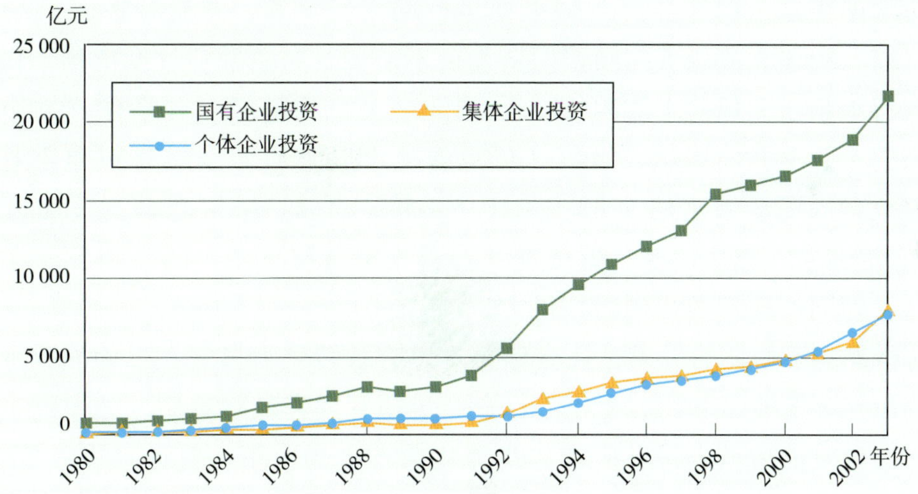

图 2－2　不同性质企业投资总额

数据来源：CEIC。

从区域结构看，投资主要集中在东南沿海及京津地区 8 省（市）（图 2－3），投资区域不平衡不利于国民经济协调发展和金融稳定。近年来，党中央、国务院为确保国民经济持续协调发展，实施西部大开发战略和东北振兴战略，采取一系列政策措施，进行经济区域性结构调整。2004 年东南沿海及京津地区 8 省（市）总投资占比已降至 60% 以下。一些投资不充分的区域正在努力改善自身的金融生态环境，以市场化方式吸引更多的投资。

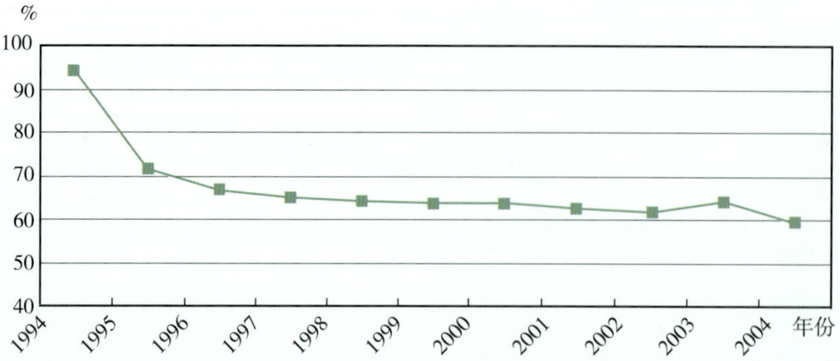

图 2－3 总投资的区域集中度：八省（市）投资占总投资比重

注：8 省（市）包括广东、福建、浙江、上海、江苏、山东、北京和天津。

数据来源：CEIC。

（三）金融结构的协调发展

协调的金融结构是经济金融平稳运行的内在要求，并直接关系到金融稳定。目前，中国直接融资与间接融资发展不协调，企业融资过度依赖于银行信贷，银行承担过大风险。2004 年，国内非金融机构部门（包括住户、企业和政府部门）以贷款、国债、股票（可流通上市股票的筹资部分）和企业债这四种方式融入资金的比例为 82.9∶10.8∶5.2∶1.1，融资总额为 2.4 万亿元（本外币合计）（图 2－4）。虽然贷款融资比重有所下降，国债和股票融资有所上升，但间接融资的比例仍然过大。

金融结构不协调的后果是社会储蓄难以有效转化为投资，市场配置资源的功能难以充分发挥，不利于企业进行资产负债管理和风险控制。为促进直接融资与间接融资的协调发展，应进一步深化资本市场改革，促进直接融资发展，尤其是股票市场和债券市场的改革与发展，满足企业融资需求，分散银行风险。

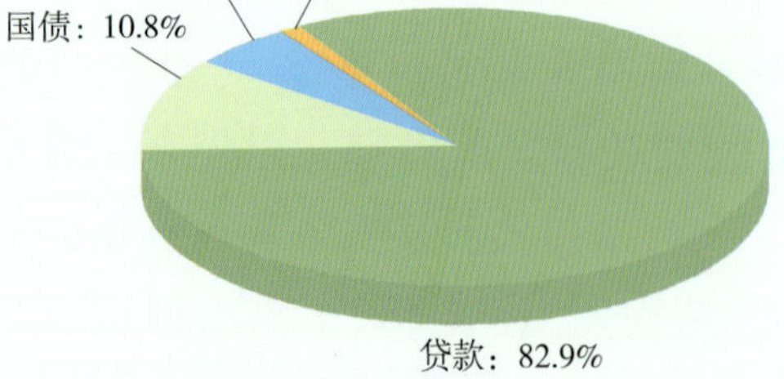

图 2－4

2004 年国内非金融机构部门融资比例图

数据来源：中国人民银行统计年报，国家统计局。

货币政策

《中国人民银行法》规定，中国人民银行在国务院领导下，制定和执行货币政策，防范和化解金融风险，维护金融稳定。制定和执行货币政策与维护金融稳定是中国人民银行的法定职能。在市场经济体系中，货币政策与金融稳定互相促进，密切相关。

一、货币政策与金融稳定

货币政策目标的实现有助于维护金融稳定。货币政策的目标是保持币值稳定，对内要防止通货膨胀，对外要保持汇率在合理区间基本稳定。相对较低且稳定的通货膨胀率可以给市场主体以稳定的预期，支持实体经济的正常运转，为经济金融的持续健康发展创造良好条件。科学、有效的货币政策有利于实现货币政策目标和维护金融稳定。

金融稳定可促进货币政策目标的实现。金融稳定是币值稳定的基础和保证，币值稳定是金融稳定的重要体现。金融机构和金融市场的稳健运行，有助于货币政策传导机制的完善和货币政策有效性的提高，促进货币政策目标的实现。

二、稳健的货币政策为金融稳定创造了良好环境

2003 年以来，中国国民经济呈现出增长加快、效益提高、活力增强的良好发展态势。尤其是自 2003 年下半年开始，经济增长明显加速，2003 年第 3 季度到 2004 年第 1 季度，经济增长率均在 9% 以上。在经济快速增长过程中也存在一些影响经济、金融持续健康发展的矛盾和问题，部分行业盲目重复建设，能源交通出现了瓶颈制约，通货膨胀压力加大。基于上述背景，在党中央、国务院的领导下，中国人民银行坚持实施稳健的货币政策，在与其他宏观经济政策协调配合的基础上，通过把握货币信贷“闸门”、加强总量控制、坚持有保有压、注意结构优化等途径，采取了一系列货币政策措施。

第一，加强货币信贷总量调控，控制银行体系的货币信贷扩张能力，保持流动性总量适度、结构合理、变化平缓，维护货币市场利率基本稳定。经国务院批准，2003 年 6 月份，中国人民银行发布了《中国人民银行关于进一步加强房地产信贷业务管理的通知》，对房地产信贷进行风险提示，进一步规范房

地产信贷市场发展。在2003年9月提高存款准备金率1个百分点之后，中国人民银行于2004年4月25日再次提高金融机构存款准备金率0.5个百分点，自2004年3月25日起实行再贷款浮息制度，自2004年4月25日起实行差别存款准备金率制度，自2005年3月17日起调整个人住房贷款政策。上述货币政策措施为金融体系的平稳运行创造了良好条件。

第二，坚持市场化取向，稳步推进利率市场化改革，着力加强以市场为基础的调控机制建设，增强了金融市场在资源配置中的基础性作用。经国务院同意，中国人民银行决定从2004年10月29日起上调金融机构存贷款基准利率。金融机构一年期存贷款基准利率分别上调0.27个百分点，其他各档次存、贷款利率也相应调整，中长期存贷款利率上调幅度大于短期。中国人民银行在调整利率政策时，充分考虑了商业银行的发展需要，通过保留足够的利差，为商业银行扩大盈利能力、通过自身利润的积累消化不良资产、提高抵御金融风险的能力创造条件。

第三，强化窗口指导，通过对有关金融机构进行风险提示，及时向金融机构传达宏观调控意图，推动金融机构加强资产负债管理，优化信贷结构，引导其加大对农业、中小企业、消费、就业和助学等方面的贷款支持。根据国务院指示精神，中国人民银行于2004年1月18日下发通知，要求商业银行积极采取有效措施，严格控制对钢铁、电解铝、水泥等“过热”行业的贷款，建立健全对重点地区、重点行业和重要产业的信贷风险预警控制制度，有效促进了经济金融的平衡发展。

第四，通过推动政策性银行市场化筹集资金及商业银行设立基金管理公司，大力推进金融市场制度创新、产品创新和市场基础设施建设，确保货币市场安全运行。

上述货币政策措施的实施，在促进经济金融平稳运行、维护金融稳定方面取得明显效果。

第一，货币供应量增长总体平稳，贷款增速适中。M_2、M_1 增速基本控制在合理区间之内，货币供应量适应了中国经济发展的需要。2005年上半年，货币供应量和贷款的增长基本平稳，6月末，M_2、M_1、金融机构人民币贷款同比分别增长15.7%、11.3%、13.3%，这一增长水平既支持了经济平稳健康发展，又有利于抑制固定资产投资过快增长和通货膨胀，与宏观调控的要求基本一致。

第二，银行体系流动性水平适度，金融机构头寸比较充裕，既满足了贷款合理增长的需要，又防止了货币市场出现大的波动，货币市场利率基本保持稳定。

第三，金融机构执行有浮动的贷款利率，利率风险意识增强，贷款定价更好地覆盖风险的趋势明显，利率市场化的政策效应逐步显现，金融机构支持经济发展的能力增强。

三、金融稳定促进了货币政策目标的实现

近年来，中国人民银行会同有关部门采取有力措施，努力防范和化解金融风险，推进金融机构改革，维护金融稳定，为货币政策目标的实现创造了良好的环境。

一是金融机构改革促进了金融机构的稳健运行，促进了货币政策传导机制的健全。国有商业银行、股份制商业银行、城市信用社和农村信用社的改革，大大提高了金融机构的稳健性，提高了货币政策的有效性，促进了货币政策目标的实现。

二是在国有独资商业银行股份制改革试点的财务重组过程中，中国人民银行通过相应安排，妥善解决了财务重组可能对货币供应量的影响。第一，锁定了注资银行外汇资本金的资产形态，使试点银行的外汇资本金只能在境外运用，不能随意结汇；第二，对于支持金融资产管理公司收购试点银行不良贷款而提供的再贷款资金，中国人民银行采取向试点银行发行五年期中央银行票据的方式全部购回，对冲了发放再贷款引致基础货币投放增加的扩张效应。金融机构改革有效地避免了财务重组对货币政策的影响，为中国人民银行实现货币政策目标创造了良好的外部条件。

总之，稳健的货币政策在成功实现宏观调控目标、维护金融稳定方面发挥了重要作用。维护金融稳定的政策措施也为货币政策目标的实现创造了良好条件。中国人民银行将进一步树立和落实科学的发展观，注重加强和改善金融宏观调控，搞好总量控制，引导金融机构加大信贷结构调整力度，推动金融改革，防止经济出现大的波动，防范和化解金融风险，有效维护金融稳定。

汇率制度、国际收支与资本流动

为建立和完善中国社会主义市场经济体制，充分发挥市场在资源配置中的基础性作用，中国人民银行适时调整汇率浮动区间，并以市场供求为基础，参考一篮子货币汇率变动，对人民币汇率进行管理和调节，维护人民币汇率的正常浮动，保持人民币汇率在合理、均衡水平上的基本稳定，促进国际收支基本平衡，积极有效管理资本流动，维护宏观经济和金融市场的稳定。

一、汇率制度与金融稳定

推进人民币汇率形成机制改革，是建立和完善社会主义市场经济体制、充分发挥市场在资源配置中的基础性作用的内在要求，也是深化经济金融体制改革、健全宏观调控体系的重要内容；有利于贯彻落实科学发展观，促进经济社会全面、协调和可持续发展；有利于缓解对外贸易不平衡、扩大内需以及提升企业国际竞争力、提高对外开放水平；有利于贯彻以内需为主的经济可持续发展战略，优化资源配置及经济结构的改善；有利于增强货币政策的独立性，提高金融调控的主动性和有效性，增强经济体系抵御风险和冲击的能力。

根据市场发育状况和经济金融形势，中国政府积极稳妥地推进人民币汇率形成机制改革。1994 年汇率并轨，企业和个人按规定向银行买卖外汇，银行进入银行间外汇市场进行交易，形成市场汇率。中央银行设定一定的汇率浮动范围，并通过调控市场保持人民币汇率稳定。实践证明，这一汇率制度符合中国国情，为中国经济的持续快速发展，为维护地区乃至世界经济金融的稳定作出了积极贡献。1997 年以前，人民币汇率稳中有升，海内外对人民币的信心不断增强。此后由于亚洲金融危机爆发，为防止亚洲周边国家和地区货币轮番贬值使危机深化，中国作为一个负责任的大国，主动收窄了人民币汇率浮动区间。随着亚洲金融危机影响的逐步减弱，近年来中国经济持续平稳较快发展，经济体制改革不断深化，金融领域改革取得了新的进展，外汇管制进一步放松，外汇市场建设的深度和广度不断拓展，为完善人民币汇率形成机制创造了条件。

基于上述背景，2005 年 7 月 21 日，中国决定开始实行以市场供求为基础、参考一篮子货币进行调节、有管理的浮动汇率制度。人民币汇率不再盯住单一美元，而是按照中国对外经济发展的实际情况，选择若干种主要货币，赋予相应的权重，组成一个货币篮子。同时，根据国内外经济金融形势，以市场供求为基础，参考一篮子货币计算人民币多边汇率指数的变化，对人民币汇率进行管理和调节，维护人民币汇率在合理均衡水平上的基本稳定。参考一篮子货币表明外币之间的汇率变化会影响人民币汇率，但参考一篮子货币不等于盯住一篮子货币，它还需要将市场供求关系作为另一重要依据，据此形成有管理的浮动汇率。根据对汇率合理均衡水平的测算，人民币对美元即日升值 2%，即 1 美元兑 8.11 元人民币。这一调整幅度主要是根据中国贸易顺差程度和结构调整的需要来确定的，同时也考虑了国内企业进行结构调整的适应能力。

汇率形成机制改革在短期内会对经济增长和就业产生一定影响，但总体上利大于弊。中国将积极稳妥地推进人民币汇率形成机制改革，积极创造有利条件，引导企业加强结构调整，平稳度过改革调整期。银行和外汇管理部门将进一步改进金融服务，加强外汇管理，为企业发展提供强有力的支持。企业将积极推进结构调整，转换经营机制，提高适应汇率浮动和应对汇率变动的能力。

总之，人民币汇率改革的总体目标是，建立健全以市场供求为基础的、有管理的浮动汇率体制，保持人民币汇率在合理、均衡水平上的基本稳定。人民币汇率改革坚持主动性、可控性和渐进性的原则。中国政府在人民币汇率问题上始终坚持独立自主、高度负责的态度，坚持从本国的根本利益和经济社会发展的现实出发，选择适合中国国情的汇率制度和汇率政策。

二、国际收支“双顺差”与金融稳定

国际收支“双顺差”是指一经济体经常项目和资本与金融项目（不含国际储备变动）在同一特定时期内均呈现顺差的局面。2000～2004 年，中国国际收支“双顺差”持续增加（表 2－1）。2005 年以来，中国国际收支“双顺差”继续扩大。2005 年上半年，银行结售汇顺差 1 217 亿美元，同比增长 93%。6 月末，国家外汇储备余额达到 7 110 亿美元，比年初增加 1 011 亿美元，同比多增 338 亿美元。

表 2－1　近年来中国国际收支“双顺差”情况表

单位：亿美元

	2000 年	2001 年	2002 年	2003 年	2004 年
经常项目差额	205.19	174.05	354.22	458.75	686.59
资本和金融项目差额	19.22	347.75	322.91	527.26	1 106.60
合　计	224.41	521.80	677.13	986.01	1 793.19

数据来源：国家外汇管理局，2000～2004 年《中国国际收支平衡表》。

一般来说，国际收支“双顺差”对一国的金融稳定有一定影响，值得关注。一是国际收支“双顺差”可能给货币政策安排带来压力。“双顺差”意味着外汇占款持续扩大，并成为中央银行基础货币投放的主渠道。随着外汇储备规模的持续快速增长，中央银行的对冲操作和相应货币政策选择面临着一定压力。二是给进一步资本项目的开放带来困难。在“双顺差”的情况下，当资本项目逐步开放时，资本流入的规模和速度快速增长，可能带来资产泡沫，形成一定金融风险。

三、资本流动与金融稳定

在资本项目渐进开放过程中，要重视资本流动，尤其是短期资本流动对金融稳定的影响。

（一）短期资本流动影响金融稳定的国际经验

20世纪90年代以来，频繁发生的国际金融危机表明，短期资本大量、快速的流入与流出可能带来一些负面影响。

首先，短期资本流入所带来的虚假繁荣，使潜在的金融风险极易被隐藏。一旦发生危机，资本回流势必对经济产生巨大冲击。亚洲金融危机的爆发就是短期资本冲击经济的一个例证。

其次，巨额短期资本尤其是投机资本往往投向非贸易部门，导致资产泡沫扩张，体现为股票、房地产等非贸易品价格上升和外汇储备增加，由此带来资源配置扭曲、经济结构失衡和通货膨胀压力加大，易成为经济金融危机的导火索。

再次，短期资本的大量进出，造成外汇储备的大增大减，使一国外汇市场供求迅速变化，容易引起汇率波动。短期资本在市场上的投机性操作，更加剧了市场的不稳定性。同时，短期资本的大量流入，还容易造成资本来源与国内投资在期限结构上的“错配”，影响金融稳定。

最后，短期资本的频繁流动增加了各国的货币政策调控难度，影响一国货币政策的独立性和有效性。

（二）近年来中国短期资本流动情况及原因分析

总的来看，中国的跨境资本流动主要由两大部分组成。一是与直接投资相关的外商投资和中国企业境外投资。目前，境外投资尚处于起步阶段，规模较小。外商直接投资连续多年呈现快速增长的势头，2004年中国外商直接投资

606.30 亿美元，较上年增长 13.3%。二是外债。近年来，外债余额增长较快。截至 2004 年底，中国外债余额 2 285.96 亿美元，比上年底增加 349.62 亿美元，增长 18.06%。

对于短期资本流动，目前中国尚未建立全口径的监测体系，可以从短期外债变化情况考察中国短期资本流动情况。近年来，中国短期外债余额增长较快，短期外债占比不断上升，2004 年底短期外债余额达 1 043.09 亿美元，占比达 45.63%（图 2-5）。

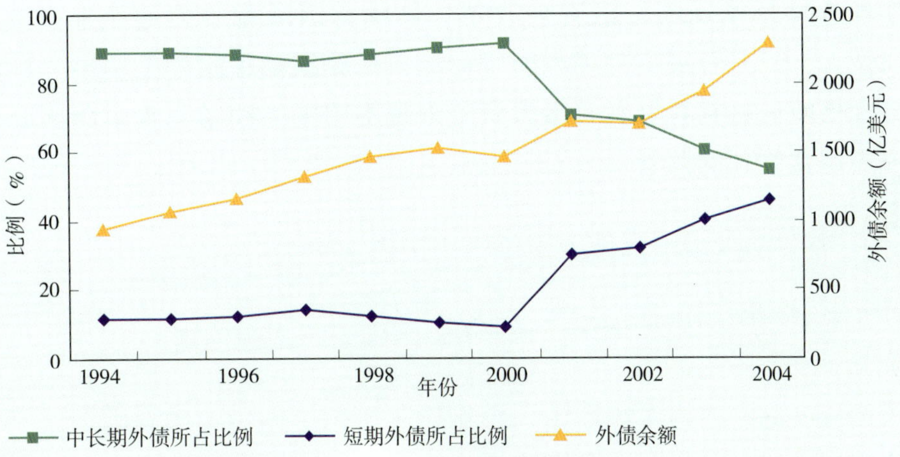

图 2-5　中国外债情况变化图

数据来源：国家外汇管理局。

短期资本流入增加的原因体现在以下几个方面。

一是本外币存在较大利差。目前国内企业到国际市场融资的贷款利率大约在 2.5%~4% 之间，国内美元贷款利率（一年期）基本在 3.5% 以下，而人民币贷款利率仍维持在 5.21%~5.61% 之间，借用外债后结汇成人民币使用或偿还人民币债务可以节约 1.2~3.1 个百分点的利息成本。本外币利差倒挂使外商投资企业向外资银行借款的意愿增强，刺激了外资银行的对外借款需求，导致外资银行外债规模尤其是短期外债规模迅速增长。

二是宏观调控的影响。2004 年 4 月以来，为防止部分行业投资过热，中国采取了积极、有效的宏观调控措施，货币供应量和人民币信贷增长速度得到控制。在此形势下，国内企业尤其是外商投资企业力图通过境外融资方式解决资金需求，境外借款规模相应增加。

三是人民币可兑换程度提高。虽然资本项目仍实行一定程度的管制，但经常项目可兑换已经实现，资本项目的资金有可能借助经常项目进入国内。

（三）应对短期资本流动的政策措施

一方面，有效控制短期资本流入。一是资本项目的开放应系统设计、有序实施。特别是在国内金融改革不断推进、金融市场发展相对迟缓、金融监管不甚完善的情况下，资本项目的对外开放尤其要谨慎。二是完善市场机制和金融监管。三是加强对投机性资本流入的管理。四是建立健全对短期资本跨境流动的动态监测体系。

另一方面，结合“走出去”的战略安排，合理有序地引导资本流出。一是继续推进境外投资的外汇管理改革，鼓励有国际竞争力的企业“走出去”并做强做大。二是开展境外债权管理研究。三是推动保险外汇资金、社会保障基金等合格境内机构投资者直接投资境外证券市场。四是完善对跨国公司外汇资金内部运营管理的监管。

国际经济金融

国际经济金融的发展变化影响全球金融稳定，进而影响中国金融稳定。国际经济金融的发展变化值得密切关注。

一、全球金融稳定的现状

经过约3年时间的低迷，世界经济于2004年走向复苏，全球经济增长速度达5.1%，美国、日本和欧元区的经济增长率分别为4.4%、2.6%和1.8%。进入2005年以来，美国经济仍保持较强劲的增长势头，就业状况继续改善。欧元区缓慢复苏。日本经济增长率稳步上升，但尚未彻底摆脱通货紧缩的困扰。拉美和亚洲新兴市场经济体总体保持了较快增长。国际货币基金组织于2005年4月预计，2005年全球GDP增长4.3%。尽管国际原油价格和初级产品价格上涨给通货膨胀带来一定压力，但总体看，全球通货膨胀率处于较低水平。

良好的国际经济金融情况为全球金融稳定创造了良好的外部环境。世界经济强劲增长，金融市场活跃，企业、金融机构和居民资产负债状况比较健康，全球金融体系稳健运行。金融机构通过兼并收购和内部结构调整实现扩张和发展，混业经营已成金融业的发展趋势，金融创新进展迅速。

2003年下半年以来，国际金融市场呈现以下特点：一是主要工业国家政府长期债券收益率在2004年3月有所回升，并在2004年6月末美联储升息后呈波动下降走势。二是货币市场不确定性明显减弱，短期利率呈稳步上升趋势。三是资本市场发展较快，有效地为企业提供了融资服务；全球大部分股市基本呈升势，波动明显减少；2005年以来，美国股市总体下滑，欧元区股市总体上扬。四是外汇市场主要货币汇率仍以美元贬值、欧元和日元升值为主要特征，但与前两年相比，2004年美元贬值及欧元和日元升值的幅度已明显缩小；2005年以来，美元有所走强。五是国际资本流动规模仍然很大，且大量资金流向美国，弥补了其经常账户赤字。

二、影响全球金融稳定的风险因素

目前，全球金融稳定面临着一些潜在风险。

美国升息。从2004年6月开始，美联储连续10次加息到3.5%，实际利率回到正值。推动利率持续走高的原因，一是油价上涨幅度和通货膨胀压力增加，二是美国外部失衡程度加剧和美元贬值幅度加大。美联储加息可能引发全球资本流动格局的重大调整，资金流向美国，新兴市场外部融资环境恶化，区域金融稳定可能受到一定影响。

油价上涨。20世纪90年代至2003年，实际原油价格在每桶20美元上下波动。自2004年下半年起，国际原油价格开始飙升，10月下旬冲破55美元关口后在高位徘徊。2005年7月，油价仍维持在50~60美元之间。油价上涨不但可能使石油进口国的进口需求下降，而且会推高石油进口价格，导致本国生产成本上升，通货膨胀压力增大，出口价格上升，出口和经济增长受到负面影响。从全球范围看，油价上涨可能降低全球经济增长率。国际货币基金组织预计，2005~2006年全球GDP增长率将比2004年低0.7~0.8个百分点，其中油价上涨是重要原因之一。

美国投资储蓄失衡和主要货币间汇率波动。近年来全球储蓄与投资大体平衡，但一部分工业国家尤其是美国存在较大储蓄与投资缺口。2004年，美国储蓄/GDP比率约为14%，投资/GDP比率约为20%，缺口约为GDP的6%，扣除美国国际收支中要素收入后的余额，基本相当于需要国外资金弥补的缺口。一国储蓄缺口的通常表现形式是经常账户出现逆差。2004年，美国的经常账户逆差/GDP比率为6%，与其储蓄缺口/GDP一致。美国财政赤字和经常账户赤字标志着美国经济内外同时失衡，并已促使美元汇率进行了一定调整。尽管金融全球化便利美国以较低成本从国外融资以弥补经常账户赤字，但如果其不能及时有效地推动国内经济调整以解决“双赤字”问题，可能增大美元相对于欧元和日元等货币间汇率的波动压力。此外，美国经济增长率高于其他发达经济体，增大了主要货币间汇率波动的压力。

新兴市场国家面临币种和期限错配风险。新兴市场国家普遍面临币种和期限错配问题，金融脆弱性增加。在当前低利率和新兴市场国家货币升值的情况下，币种和期限错配的风险不会暴露。一旦外部条件恶化，这些风险极有可能导致新兴市场国家金融不稳定。

多边贸易谈判受阻，国际经济摩擦加剧。2004年8月1日，“多哈回合”框架协议在日内瓦达成。但是，由于该框架仅仅明确了今后谈判的一些指导原则和基本内容，许多分歧较大的问题被搁置。随着谈判的深入，这些问题及深层次矛盾仍将显现出来。虽然世贸组织的多边贸易体制不会因坎昆会议失败而瓦解，但由此引发的连锁反应将延缓经济全球化的发展进程。就业形势低迷使国际贸易保护主义愈演愈烈，贸易摩擦有增无减。一些国家将国内就业增长乏力归因于贸易问题，并在重要领域设置贸易壁垒，贸易大国间的贸易摩擦有所加剧。这些都是潜在的金融不稳定因素。

房地产市场泡沫风险。自 20 世纪 90 年代中期以来，即使在 2001 ~ 2002 年的经济增长放缓期间，主要发达国家的房地产价格仍不断攀升。2004 年，西班牙、法国和瑞典的房价分别上涨了 17%、16% 和 10%，美国房价较历史平均水平高出 25%。由于房地产市场的繁荣很大程度上源于国际低利率和较多流动性，而且相当一部分私人部门消费来源于房价上涨带来的财富效应，以及住房抵押贷款在金融部门占据着举足轻重的地位，所以如果房地产价格出现急剧调整，这些国家的经济和金融市场将受到严重冲击，影响银行体系资产质量，不利于全球金融稳定。

亚洲金融危机和当前国际经济金融运行中存在的风险，促使国际社会积极推动金融稳定评估体系建设。国际货币基金组织等机构推出的“金融部门评估规划”便是在此方面的有益尝试。

专栏 2：亚洲金融危机的教训和“金融部门评估规划”的推广

在亚洲金融危机爆发前，部分亚洲国家已经暴露出一些脆弱性：一是宏观经济存在脆弱性。经济高速增长、低通货膨胀率、相对健康的财政状况、资本账户开放、资本市场全球化、正式或非正式的盯住汇率制度，以及政府各种激励政策，促使资本大量流入，并导致信贷快速膨胀、质量下降、资产价格上升，并进一步导致资本通过监管较弱的非银行金融机构流入国内，形成资本流入—信贷膨胀的恶性循环。二是金融体系和公司部门存在脆弱性。银行主要根据抵押品情况而不是根据信贷评估情况和现金流提供信贷，抵押品资产价值下降使银行资产质量下降，银行承担过多风险。公司部门过度负债（特别是在韩国和泰国）以及未套期保值的大量短期债务，使得危机国家特别容易受到市场情绪、汇率和利率变动的影响。三是审慎监管原则及其实施过于宽松，尤其体现在关联贷款、贷款过度集中、交叉担保和币种错配等方面贷款分类标准不严格，贷款拨备和停息方面的规定匮乏。此外，政府和金融机构千丝万缕的联系加剧了监管困境。四是公司治理和透明度建设滞后。市场约束无效导致过多的冒险行为。会计和信息披露制度不完善，隐含的政府担保削弱了市场约束。

亚洲金融危机的教训表明，保持宏观经济稳定和国民经济健康发展离不开一个稳健的金融体系。如何评估一个金融体系的稳健性和脆弱性，从理论到实践都有不同的方法。国际货币基金组织和世界银行在借鉴亚洲金融危机教训的基础上，于 1999 年 5 月联合推出了“金融部门评估规划

(FSAP)”，对成员国和其他经济体的金融体系进行全面评估及监测。经过几年来的不断发展和完善，FSAP 已成为基金组织加强对成员国监督的重要工具，成员国广泛接受 FSAP 的评估框架。截至 2005 年 2 月 1 日，已有 82 个国家和地区完成了 FSAP，19 个国家正在进行 FSAP，17 个国家承诺将参加 FSAP，尚有 68 个国家没有参加或没有承诺加入 FSAP，中国尚未参加。

FSAP 通过两个方面评估金融体系是否稳健。一是评估宏观经济，衡量宏观审慎监督的效果。通过编制和分析金融稳健指标（Financial Soundness Indicators，FSI）判断金融体系的脆弱性和承受损失的能力，通过压力测试评估冲击对金融体系的影响。二是通过对照国际标准与准则，判断金融基础设施是否完善，评估金融部门监管是否有效。国际货币基金组织和世界银行在评估的基础上，形成对被评估经济体的金融稳定报告。

概括来说，FSAP 框架下进行的金融稳定评估，通常采用以下三种分析工具：一是金融稳健指标（FSI）。它是基金组织为监测一个经济体金融机构和金融市场的稳健程度，以及金融机构的客户（包括公司部门和居民部门）的稳健程度而编制的一系列指标，被用来分析和评价金融体系的实力和脆弱性，包括核心指标和鼓励指标两类。二是压力测试（Stress Testing），其目标是通过分析宏观经济变量的变动可能对金融体系稳健性带来的影响，来对因宏观经济与金融部门之间具有的内在联系及潜在风险和脆弱性进行评估。三是标准与准则（Standards and Codes）评估。目前，FSAP 下的标准与准则评估涉及 9 个领域，即《货币与金融政策透明度良好行为准则》、《有效银行监管核心原则》、《重要支付系统核心原则》、《反洗钱与打击恐怖主义融资 40 +9 条建议》、《证券监管目标和原则》、《保险监管核心原则和方法》、《公司治理原则》、《国际会计标准》、《国际审计标准》。其中前 4 项标准是必须评估的内容。

三、国际经济金融与中国金融稳定

改革开放进程中的中国受国际经济金融的影响日增，中国金融稳定与国际环境的关系越来越密切。当前须重点关注以下可能影响中国金融稳定的国际经济金融因素。

（一）经济全球化增大了中国金融稳定的不确定性

随着国际政治经济地位的提高，中国承担的国际责任和义务也相应增加。在获取加入世贸组织和全球化收益的同时，外国经济主体与中国经济主体的联系日益密切，资金、商品、人员、技术的大量流动和国内外政策的变化，使原来在封闭经济下的可控变量现在难以被有效把握，中国金融稳定面临越来越多的不确定性。

（二）国际经济结构的重大调整可能影响中国金融稳定

当前，国际经济结构正在发生深刻变化，第三产业迅速发展，资金、人才、技术向第三产业集中。第一、第二产业的地位相对下降。如果中国经济结构的调整偏离或滞后于国际经济结构调整趋势，可能使资金、人才、技术错配，增加银行体系乃至金融体系的风险。

（三）国际资金流动格局蕴藏着金融不稳定因素

美国在当前国际资金流动格局中居主导地位。中美间的资金流动深受这一格局的影响。一方面，中国的经常账户对美国保持顺差，中国的部分外汇储备通过购买美国政府债券的方式弥补美国的部分财政赤字。另一方面，受中国巨大的内需、要素优势以及利润空间的吸引，大量美国企业投资于中国市场，中美之间形成相互依赖、相互推动的资金流动格局。这种格局具备以下两点特征：

一是流入中国的资金的收益率明显高于美国政府债券的收益率，形成中美之间资金流动在收益上的非对称性。其实质是美国部分地依赖中国的生产要素来支持其经济增长，通过资金的反向流动实现本国资金均衡，并从中国获得资金收益。中美间资金流动的相互依赖程度较大，并在一定程度上影响两国经济金融稳定。

二是美国越来越依赖于日本和中国等国家的外汇储备投资弥补其财政赤字。美国不断扩大的经常账户赤字主要靠美国国债融资来弥补，而美国国债主要由亚洲国家特别是日本和中国购买。这种格局已成为国际金融市场运行的重要支柱，任何重大变化造成的上述资金链条断裂，甚至美元贬值，会影响全球金融稳定和中国外汇储备的价值，对中国金融稳定产生不利影响。

（四）美国升息周期和汇率环境的变化可能对中国经济和金融产生影响

如果国外利率水平大幅走高，可能引起国际金融市场环境的较大变化，并使资金流出中国，影响中国部分产业的发展，从而可能增加银行不良资产，增大金融体系的脆弱性。此外，以美元、欧元和日元为代表的主要货币汇率调整也给人民币汇率稳定带来了一些不确定性。

（五）国际原油及初级产品市场价格上涨，增加了中国通货膨胀压力

一方面世界经济较快增长使各地区对原油进口需求继续增加，另一方面主要产油国的备用产能下降和市场投机欲望强烈，可能导致原油价格维持高位，国际初级产品市场价格还有上升空间。原油和初级品价格上涨走势可能会给中国带来一定通货膨胀压力。

另外，来自美国和欧盟等中国主要出口市场的贸易保护主义压力，可能会对中国经济增长和金融稳定产生一定影响。

宏观经济与流动性

宏观经济是影响金融机构和金融市场流动性的重要因素。金融机构流动性是金融机构及时变现资产的能力和通过负债及时筹集资金的能力；金融市场流动性是金融市场在极短的时间内促成金融交易且不造成资产价格大幅波动的能力。金融机构和金融市场的流动性从一个侧面反映出金融稳定状况。金融机构如果能在金融市场上及时获得流动性，既可避免支付危机，又可避免引发金融资产价格的大幅下跌。金融机构和金融市场的流动性是金融体系向其他经济部门提供流动性的基础，并通过支付体系影响金融体系的平稳、顺利运行，是中央银行和金融监管机构制定政策与实施监管的重要依据。

一、金融机构和金融市场流动性的现状

总体看，中国金融机构和金融市场的流动性比较充裕。

金融机构流动性可用金融机构超额存款准备金率来衡量。2004 年 1 月末，金融机构超额存款准备金率为 4.68%，随后开始下降，4 月末为 3.45%，此后连续 7 个月保持在 3% ~4% 之间，12 月末金融机构超额存款准备金率上升到 5.25%，其中国有商业银行超额存款准备金率为 3.54%，股份制商业银行为 7.47%，农村信用社为 10.34%。2005 年上半年，金融机构超额存款准备金率保持在 3.3% ~4.4% 之间，6 月末，金融机构超额存款准备金率为 3.72%，比 2004 年同期低 0.03 个百分点。金融机构流动性较为充足，为商业银行贷款的合理增长和金融市场的产品创新提供了较为宽松的流动性环境，促进了金融稳定。

货币市场流动性比较充足的表现是货币市场利率低位运行。在银行间市场上债券回购交易量最大，其交易品种 7 天质押式债券回购（R07D）的利率变化灵敏地反映了市场资金的供求状况，也在一定程度上反映出货币市场的流动性状况。2004 年，7 天质押式债券回购利率一直保持在较低水平（图 2-6）。2005 年上半年，质押式债券回购利率稳步下行，其中 6 月份 7 天质押式债券回购加权平均利率为 1.10%，比 2005 年 1 月份下降 74 个基点。

股票市场的流动性波动相对较大。从一级市场看，1992 年到 2004 年，上市公司通过发行 A 股股票和可转换债券累计从国内证券市场筹资 8 452.76 亿元，通过发行 B 股筹资 382.95 亿元，从而使得中国上市公司总市值由 1 048.13 亿元增加到 37 055.57 亿元，大大增加了市场容量，改善了股票市场

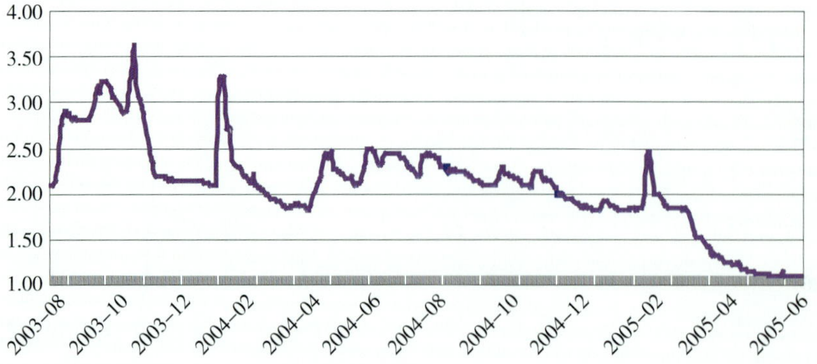

图 2-6 银行间债券市场 7 天回购加权利率走势

数据来源：中国人民银行。

的流动性。但 2005 年以来，由于股市持续低迷，部分资金从证券市场流出，尤其是由于担心市场扩容影响股价，监管机构暂停发行新股和再融资，加大了企业在股市融资的难度，部分绩优蓝筹股转到境外融资，降低了市场的流动性。

从二级市场来看，2004 年中国股市的年均换手率为 288%，横向比较，较其他成熟股票市场为高，在一定程度上说明中国股票市场具有较好的流动性；但纵向来看，由于股市持续低迷，中国股市年均换手率有逐年下降的趋势，从而可能影响到股市的流动性。

从资金面来看，一方面，较多的资金供应增加了股市的流动性。近年来机构投资者保持高速发展的态势，机构规模加速扩大，目前国内市场投资基金总数达 156 只，基金总规模 3 250 亿份。合格境外机构投资者（QFII）加快了进入国内股市的步伐，QFII 总数达到 27 家，获批资金规模 40 亿美元。社会保障基金、保险基金、企业年金纷纷加快了入市步伐，扩大了投资规模。商业银行直接设立基金管理公司也开始启动。同时，在政策上解除国有企业入市的限制，允许基金公司股票质押贷款和证券公司发行短期融资券，允许上市公司控股股东增持流通股和上市公司回购流通股，都将增加市场资金的供应量，提高股市的流动性。但另一方面，由于代客理财业务的停顿和证券行业的不景气，一批高风险券商先后暴露风险，证券公司的资金易得性大大降低，部分证券公司的流动性严重不足，从而增加了市场流动性的压力。

在投资者构成方面，目前虽然机构投资者的市场份额逐年增加，但当前的市场仍然是以个人投资者为主的市场，个人投资者的交易和持股市场份额均超过了 80%，其中中小投资者的比重约占一半。由于个人投资者资金量较小，投资行为短期化而交易较为频繁，如果股市持续下跌，将加剧市场的流动性风险。

二、影响金融机构和金融市场流动性的宏观经济因素

从宏观经济角度分析，影响中国金融机构和金融市场流动性的因素包括以下几点。

一是 M_2 与 GDP 的比率保持较高水平。2004 年，由于物价持续上涨、部分行业投资快速增加，中国政府出台了一系列宏观调控政策。在宏观调控政策的引导下，中国经济继续保持快速增长态势，信贷与货币供应量平稳增长。作为反映流动性情况的主要指标之一，M_2 与 GDP 之比，在 2004 年末达到 190%，2005 年上半年又有所上升，这为金融机构和金融市场保持充裕流动性创造了条件。

二是金融机构存款持续增长。存款作为金融机构的主要资金来源，其增长情况直接影响金融机构流动性。2004 年末，全部金融机构（含外资金融机构）本外币各项存款余额 25.3 万亿元，同比增长 15.3%，余额比年初增加 3.37 万亿元，同比少增 3 376 亿元。其中，人民币各项存款余额 24.1 万亿元，比年初增加 3.33 万亿元，同比少增 3 871 亿元；外汇存款余额 1 530 亿美元，比年初增加 44.5 亿美元，同比多增 59.8 亿美元。2005 年上半年，金融机构存款继续呈增长态势。2005 年 6 月末，全部金融机构本外币各项存款余额为 28.3 万亿元，同比增长 16.8%。其中，人民币各项存款余额为 26.9 万亿元，同比增长 17.2%，同比多增 4 237 亿元；外汇各项存款余额为 1 653 亿美元，同比增长 9.4%，同比多增 86 亿美元。金融机构存款的持续增长，增加了金融机构流动性。值得关注的是，资本市场低迷是导致居民储蓄意愿较强的重要因素之一。上证综指于 2004 年下跌 250 点，低迷的股票市场进一步强化了居民的储蓄意愿，2004 年末，储蓄率高达 49.32%。

三是金融市场利率低位运行，金融机构在金融市场上的筹资成本较低。虽然中国人民银行在 2004 年 10 月 29 日将一年期存、贷款利率上调了 0.27 个百分点，但实际利率水平仍较低。同时，2004 年银行间货币市场利率总体低位运行，金融机构可在金融市场上以较低的融资成本获得流动性。

四是短期资本流入增加。国际收支的“双顺差”和外汇储备的快速增长，加上本外币的较大正利差，促使境内金融机构纷纷减少国外资产运作，将资金调回境内，或增加国外短期借款。此外，境外热钱也通过多种方式进入中国。短期资本流入的增加，进一步增强了金融机构和金融市场的流动性。

五是高科技产业的发展提高了企业生产率，一些企业库存减少，对周转资金的需求降低，促进金融机构保持较充裕的流动性。

六是监管约束加强，商业银行信贷行为更趋审慎，非信贷资产运用渠道有限，较多资金进入货币市场，金融市场流动性充裕。为配合国家宏观调控政策的实施，2004 年，中国银监会加大了金融监管力度。2004 年 3 月 1 日，银监会施行《商业银行资本充足率管理办法》，增强了商业银行资本约束效应，商业银行信贷行为更趋审慎，金融机构贷款增长率下降。截至 2004 年末，金融机构本外币贷款余额 18.9 万亿元，同比增长 14.4%，增速回落 7.1 个百分点，余额比年初增加 2.41 万亿元，同比少增 5 785 亿元。其中，人民币贷款余额 17.7 万亿元，同比增长 14.5%，增速回落 6.6 个百分点，余额比年初增加 2.26 万亿元，比 2003 年少增 4 824 亿元。2005 年以来，贷款增速回落的趋势依然存在。2005 年 6 月末，全部金融机构各项贷款本外币余额为 19.9 万亿元，同比增长 13.2%。全部金融机构人民币各项贷款余额为 18.6 万亿元，同比增长 13.3%，增幅比 2004 年同期低 3.1 个百分点，比 2004 年末低 1.3 个百分点。加上商业银行非信贷资产运用渠道有限，其充裕的资金为金融市场提供了较充足的流动性。

七是中央银行灵活开展公开市场操作，在一定程度上调节了银行体系流动性。在外汇占款持续大量增加的情况下，中国人民银行继续通过发行中央银行票据予以对冲，并综合考虑财政库款、现金、债券发行与兑付等影响流动性的因素，合理安排中央银行票据的发行方式、期限结构和发行规模，在一定程度上控制了银行体系流动性的过快增长和过度波动。

第三部分

金融市场与金融稳定

金融市场是货币与资本流动和配置的场所。在现代经济体系的运行中，金融市场有着非常重要的作用，其功能主要包括将储蓄转化为投资、为消费行为和投资活动提供信用、为交易提供支付机制、为投资者提供风险定价和防范的工具、为企业提供规范运作的外部约束和激励机制、为政府提供经济金融政策实施的工具和渠道。

目前，中国已经形成了一个主要由货币市场、债券市场、股票市场、外汇市场以及黄金市场构成的，具有交易场所多层次、交易产品丰富、交易机制多样等特征的金融市场体系。参与交易的产品主要包括股票、债券、基金、票据、外汇和黄金，基本上涵盖现货、回购、远期与期货等重要交易机制。

从总体上看，中国金融市场在创新中快速发展，运行平稳，融资结构进一步优化，为金融机构持续、健康发展营造了稳定的市场环境。货币市场发展迅速，运行规范，资源配置能力显著提高。债券市场创新和发展加快，运行平稳。股票市场在改革中渐进发展，直接融资功能初步体现。外汇市场发展初具规模，市场化程度进一步提高。黄金市场已经起步，投资功能逐渐增加。

同时，各金融市场间的发展还不平衡，间接融资比例过高，直接融资不发达，债券市场和股票市场的发展总体滞后，金融市场的深度不足，市场功能还没有得到充分发挥。十六届三中全会通过的《中共中央关于完善社会主义市场经济体制若干问题的决定》，为中国金融市场改革开放和稳定发展指明了方向。今后一段时期，中国金融市场的发展将从发展社会主义市场经济的内在要求出发，以扩大直接融资、建立多层次金融市场体系、更大程度地发挥市场在资源配置中的基础性作用为目标，建设透明高效、结构合理、机制健全、功能完善、运行安全的金融市场。具体地讲，应着力建立有利于各类企业筹集资金、满足多种投资需求和富有效率的金融市场体系；完善以市场为主导的产品创新机制，形成价格发现和风险管理并举的金融市场产品结构；培育诚实守信、运作规范、治理机制健全的市场主体和市场中介群体，强化市场主体约束和优胜劣汰机制；健全职能定位明确、风险控制有效、协调配合到位的市场监管体制，切实保护投资者的合法权益。

货币市场

货币市场是指以短期金融工具为媒介进行的1年期和1年期以内短期资金融通的市场，包括银行间同业拆借市场、银行间债券回购市场和票据市场。货币市场的健康发展为中央银行有效调控货币供应量，以满足经济发展对货币的适度需求创造了基础条件。

一、货币市场发展现状

近年来，货币市场的发展呈现以下特点。

一是货币市场各子市场的业务量显著增加。银行间同业拆借市场交易量从1998年的1 978亿元增加到2004年的1.46万亿元，增长了7.4倍（图3－1）。

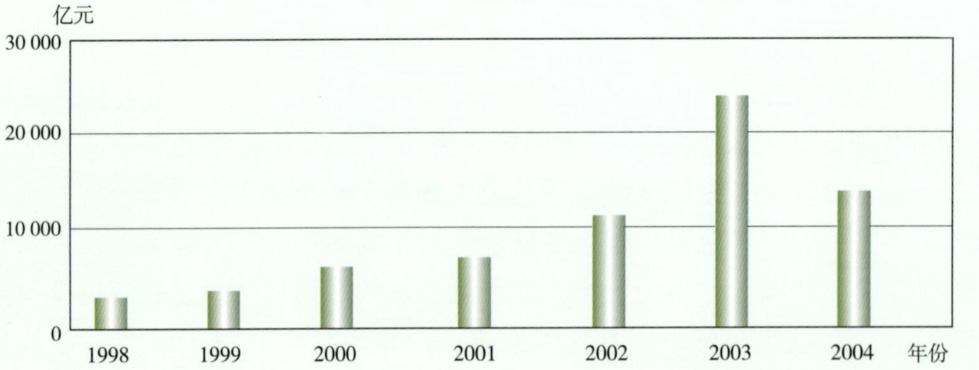

图3－1　银行间同业拆借市场年交易情况

数据来源：中国人民银行。

银行间债券回购市场交易量从1998年的1 021亿元增至2004年的9.44万亿元，增长了92倍（图3－2）。

票据市场中，商业汇票业务持续稳步增长。截至2004年末，累计签发的商业汇票3.4万亿元，同比增长22%；累计贴现和再贴现的商业票据4.52万亿元，同比增加1.8%；已签发未到期的商业汇票余额为1.5万亿元，同比增长17%；票据贴现和再贴现余额1.003万亿元，同比增长17%（图3－3）。中央银行票据业务增长也较快，2004年累计发行中央银行票据1.51万亿元，较2003年增长93.4%。

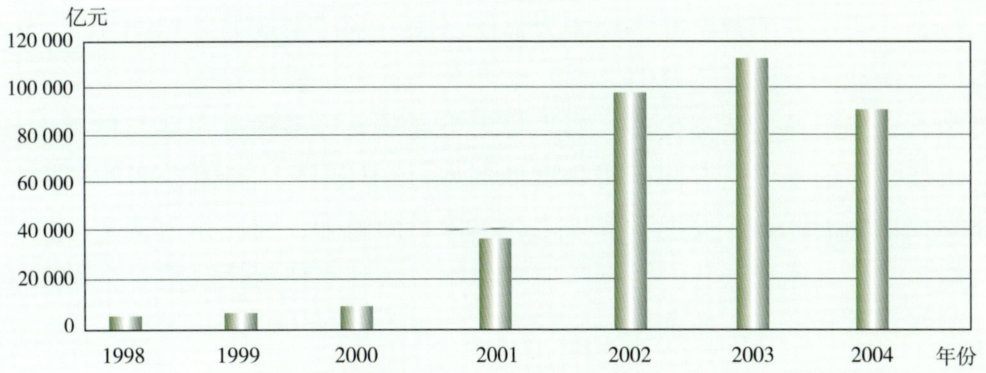

图 3－2　银行间债券回购市场年交易量

数据来源：中国人民银行。

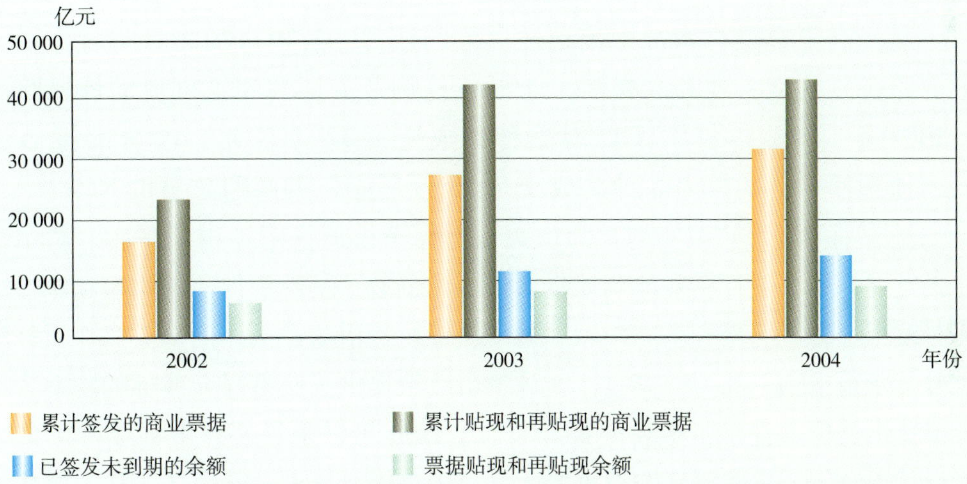

图 3－3　2002～2004 年票据市场基本情况

数据来源：中国人民银行。

二是货币市场运行规范、稳健。银行间同业拆借市场自 1996 年建立以来，市场成员不断增加，拆借量稳步增长，已形成了全国统一的同业拆借市场格局；形成了由市场供求决定的、统一的同业拆借利率（CHIBOR），并且运行平稳；形成了科学合理的管理架构和监管格局，未出现重大违规事件。银行间债券回购市场基本覆盖了整个金融体系并逐步延伸到企业，回购交易活跃，回购利率稳定，能比较及时地反映金融市场流动性的变化情况。同业拆借市场和货币市场的信息披露工作都取得突破性进展。2003 年 3 月，作为市场成员的 17 家财务公司分别进行了统一信息披露规范的试点；2003 年 8 月，中国人民银行统一了同业拆借市场中证券公司的信息披露规范。

三是货币市场配置金融资源能力显著增强。货币市场调节短期头寸的功能已得到广泛认同，除了传统的银行、证券公司等金融机构以外，企事业单位和居民个人也可以通过结算代理、购买货币市场基金等多种方式参与货币市场交易。市场主体的多样化有利于同业拆借利率（CHIBOR）和债券回购利率的市场化形成机制的改善，促进了市场化利率体系的完善，利率作为资金价格信号的功能初步得到体现，其中银行间债券回购市场利率作为反映整个金融市场流动性的指标得到了广泛的重视。

二、货币市场与金融稳定

作为中央银行维护金融稳定的重要平台，货币市场的健康发展有力地促进了金融稳定。

一是提高了金融机构抵御流动性风险的能力。货币市场为参与者提供了跨期限、跨机构的交易便利，提高了金融机构调节流动性和抵御流动性风险的能力。2004 年，同业拆借 7 天以内品种共成交 1.32 万亿元，占全部拆借量的 91%；债券回购 7 天以内品种共成交 7.53 万亿元，占回购总量的 81%。

二是有利于货币政策实施，为中央银行保持币值稳定提供了平台。货币市场的健康发展为中央银行有效地调控货币供应量创造了基础条件，货币市场中形成的利率对整个金融市场具有基准作用，是中央银行货币政策操作的重要操作目标和参考信号。货币市场工具为中央银行实施货币政策提供了交易媒介或标的物，为中央银行保持币值稳定提供了重要的操作平台。1998 年以来，公开市场业务已成为中央银行货币政策日常性操作的最重要工具。中央银行通过公开市场操作及时传达了货币政策意图，有效对冲了增加过快的外汇占款，确保了中央银行基础货币的平稳增长，保持了货币市场利率的基本稳定，有利于稳健货币政策的顺利实施。

三是促进了利率市场化，推动金融机构风险管理和风险定价水平的提高。中国的利率市场化改革从银行间市场起步。目前，银行间市场已经基本形成了完善的利率体系。同业拆借、债券回购利率形成机制日趋合理。在已实现利率市场化的货币市场中，金融机构自主定价能力逐渐增强，对市场信息的反应更加灵敏。

三、货币市场发展需要关注的方面

目前，货币市场的各子市场发展不够均衡，货币市场交易品种、参与者、中介机构和规则体系发展不够均衡，造成货币市场的竞争欠充分，在一定程度上影响了市场价格的形成机制。具体来说，需要重点关注以下几个方面。

一是货币市场交易工具和品种不够丰富。目前货币市场交易工具只有拆借、回购和承兑汇票。票据市场只有交易性票据，没有融资性票据。债券品种只有国债、金融债、商业银行次级债以及少量公司债。

二是货币市场流动性有待提高。货币市场流动性不高，既有债券供给和需求方面的原因，也有交易方式单一、做市商和经纪人等竞争性市场交易中介缺乏等方面的原因。

三是货币市场交易集中度偏高，影响了市场竞争和价格机制的形成。在拆借和回购交易中，国有商业银行为主要资金融出方，形成了一定的垄断性，导致竞争不充分，影响市场价格的形成。

四是交易所国债回购市场在运行中暴露出来的问题，尤其是在托管和结算等制度安排上的一些缺陷。

四、货币市场的改革与发展

为推动货币市场的进一步发展，要从货币市场整体协调发展考虑，统筹安排制度建设、中介机构发展及市场产品创新等方面的工作。

一是完善同业拆借市场的制度体系。目前沿用的1990年颁布的《同业拆借管理试行办法》，已难以适应市场发展的要求。近年来，在市场规范管理实践中探索出的一系列行之有效的管理措施，应通过行政立法方式予以确定。

二是研究发展新的货币市场工具。目前证券公司等非银行金融机构的拆借交易在货币市场中的份额偏大。证券公司与商业银行的拆借交易受长期合作协议等因素影响，其利率往往偏离同期货币市场利率水平。因此，应以证券公司在银行间债券市场发行短期融资券为突破口，研究开发新的货币市场工具，逐步改变非银行金融机构资金过度依赖同业拆借的状况，充分发挥同业拆借利率的信号作用。

三是加强票据市场的基础建设。改善企业的信用评级制度，提高企业经营的透明度，加强企业的会计制度建设，逐步发展以企业信用为基础的商业票据。利用银行间同业拆借市场的信息系统，逐步建立起完善的票据业务信息查询系统。注重运用现代信息技术手段，推动银行承兑汇票运作效率的提高。鼓励商业银行有选择地建立票据专营机构，发挥市场中介作用，促进票据业务从分散经营向规模经营转变。

四是发展货币经纪业务，推动建立货币经纪公司，提高市场运行效率。

五是继续推进同业拆借市场的信息披露制度建设，逐步统一各类金融机构的信息披露规则。

六是完善交易所国债回购市场相关制度，从源头防范可能的风险隐患。

债券市场

债券市场是债券发行和交易的场所。中国债券市场主要包括银行间债券市场和交易所债券市场。债券市场的迅速发展不仅可以优化融资结构、丰富产品投资，而且有利于中央银行金融宏观调控由直接方式向间接方式的转化。

一、债券市场发展现状

近年来，债券市场继续保持整体平稳发展的格局。

从债券品种看，中国债券市场交易品种主要包括国债、金融债券、次级债券、企业债券4大类。银行间债券市场可交易品种较多，截至2004年末，可交易债券达到241只，其中国债59只、金融债券121只、企业债券3只和一些商业银行发行的次级债券；交易所交易的国债品种进一步增加，在交易所交易的债券达到155只。2005年，银行间债券市场还推出了短期融资券和债券远期等交易品种和交易方式。截至2005年7月，共计发行了企业短期融资券9期，总金额229亿元。

从发行量看，2004年国债累计发行6 924亿元，同比增长10.3%，其中，凭证式国债发行2 510亿元，与上年基本持平；记账式国债发行4 414亿元，增长16.9%。政策性金融债券累计发行4 148亿元，下降9.1%。企业债券累计发行327亿元，下降8.7%。自2004年7月起，金融机构开始在银行间市场发行次级债券，补充附属资本，当年累计发行次级债券861亿元（图3－4）。

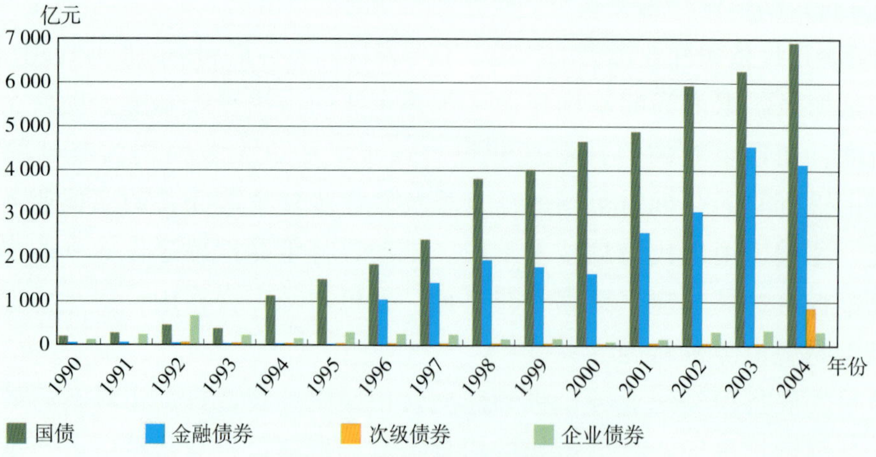

图3－4　债券发行情况

数据来源：中国人民银行。

从交易量看，2004 年银行间债券市场现券交易累计成交 2.5 万亿元，同比减少 5 807 亿元；交易所国债现券成交 2 966 亿元，同比减少 2 790 亿元。

二、债券市场与金融稳定

自 20 世纪 90 年代中期以来，银行间债券市场的建立与平稳发展，改变了长期以来股市与债市发展不平衡的局面，初步形成了一个较完整的金融市场体系，有效地促进了金融稳定，主要表现在以下几个方面。

一是有利于完善金融市场体系，促进直接融资发展。债券市场的发展扩大了直接融资渠道，缓解了中国社会融资结构过分依赖银行体系的局面，在一定程度上化解了银行体系的压力和风险，进一步完善了金融市场体系。

二是有利于推动利率市场化进程，促进金融资产价格发现。随着银行间债券市场发行和交易市场化程度的不断提高，银行间债券市场初步形成了由市场决定的债券收益率的期限结构和长期利率。银行间债券市场收益率曲线的形成，为其他金融产品的市场定价提供了重要参照和基础。

三是有利于银行等金融机构提高流动性管理水平。银行间债券市场的快速发展，为银行等金融机构提供了必要的投资工具和有效的资产管理手段，有利于金融机构及时调节流动性、降低超额储备；同时，促进了银行等金融机构流动性管理水平的提高，提高了头寸管理效率，缓解了期限错配问题，增强了盈利能力，从而为金融机构商业化经营创造了良好的外部条件。

四是有利于促进稳健货币政策与财政政策的有效实施。债券市场的迅速发展为中央银行公开市场操作提供了良好的市场基础，有利于中央银行基础货币的平稳增长和货币市场利率的基本稳定，促进了稳健货币政策的顺利实施和金融宏观调控从直接方式向间接方式的转化。银行间债券市场利率的市场化对科学制定货币政策具有重要意义。与此同时，1998 年以来，为实行积极的财政政策，国债和金融债券的发行大量增加。债券市场的发展为单只债券发行规模的提升和分销期的缩短创造了条件，提高了债券的发行效率。

三、债券市场发展需要关注的方面

中国债券市场已经获得了长足的发展。未来一段时间需关注以下几个方面。

一是债券市场融资总量偏低，产品结构不平衡。2004 年国内金融机构新增贷款规模占整个国内金融市场融资总量的 82.9%，而股票、国债、企业债券等直接融资规模只占融资总量的 17.1%。同时，债券市场内部发展也不平衡，政府债券及准政府债券市场发展较快，企业债券市场发展却明显滞后。2004 年，国债和金融债券发行额分别为 6 924 亿元和 4 148 亿元，而企业债券发行额仅为 327 亿元，只有全年债券发行总量的 2.7%。

二是债券市场交易品种不够丰富，缺乏一般性金融债券、市政债券、资产抵押类债务工具等。此外，中国债券市场缺乏具有避险功能的衍生工具，市场参与者往往只能被动承受利率风险，从而加大了债券市场的波动性，不利于债券市场的发展。

三是债券发行主要集中于中长期，债券市场流动性不强，价格发现功能不充分，债券收益率曲线虽已初步形成但仍有待完善。

四是债券市场还未形成合理的信用评级机制，评级机构的诚信责任不足，专业性和独立性受到普遍质疑。债券的信用评级流于形式，难以真正揭示债券风险。

五是债券市场会计税收制度方面还存在一些问题，在一定程度上影响了债券市场的发展。例如贴现国债应计利息划分不明确，难以享受免税政策，从而影响了贴现国债的流动性；债券买断式回购会计处理和税收制度不明确，影响了此项业务的开展；金融衍生产品会计处理和税收政策缺失，影响了金融创新。

六是交易所债券市场在托管制度及结算制度等制度安排上还存在着一定缺陷，为一些证券公司的违规经营提供了可能。

四、债券市场的改革与发展

债券市场发展应坚持以银行间债券市场为主体，以交易所市场为补充的发展方向，积极引导市场创新，完善市场运行组织架构，建设一个“统一高效、分层有序、相互联系、协调发展”的债券市场。与此同时，通过资金和信息的流动以及交易主体、交易工具的相互交叉和衔接，实现债券市场的充分连通。

一是积极推动债券市场的金融创新。金融创新应重点围绕两方面展开：一方面是以丰富投资者选择为目标推动产品创新。大力发展公司债券，积极推动公司债券市场化管理。扩大商业银行发行次级债券规模，积极推动商业银行一般性金融债券的发行。积极推进资产证券化业务创新，研究发行市政债券和地方政府债券的可能性。另一方面是以深化债券市场功能为核心，推动工具创新。从当前金融市场的实际情况出发，按照从易到难、从低风险到高风险的原则，循序渐进地引入创新工具。在完善现有的债券远期交易和买断式回购等的同时，积极采取各项措施，创造条件，引导市场创新，加快利率互换及债券期货等金融衍生产品的推出进度。

二是进一步完善债券市场会计税收制度。建立债券市场发展与会计税收制度建设方面的互动机制，在借鉴国际经验的基础上，加强对中国债券市场会计税收制度研究，尤其是债券衍生产品方面的会计制度建设，实现市场创新措施配套。

三是建立健全债券信用评级体系。大力培育信用评级机构，适度引进国际权威评级机构，允许中外资中介服务机构合作或重组。

四是规范交易所债券市场。加快推进交易所债券市场的交易制度、托管制度及结算制度的改革，消除交易所债券市场的风险隐患。

五是加快银行间债券市场基础设施建设，完善市场运行架构。加快银行间债券市场交易系统和簿记系统的改造工作，改善中国人民银行发行系统和中国债券信息网，完善相应功能。进一步健全做市商制度，加大对做市商的政策支持力度。将更多的机构投资者引入银行间债券市场，培育合格的机构投资者群体。

专栏3：企业短期融资券

2005年5月23日，中国人民银行发布了《短期融资券管理办法》（简称《办法》），允许符合条件的企业在银行间债券市场向合格机构投资者发行短期融资券。

《办法》坚持市场化取向的原则，并将此原则贯穿在促进短期融资券市场发展的各个环节，对于股票市场和长期债券市场具有重要的示范效应。在市场准入方面采取备案制，中国人民银行不对发行人作实质判断，弱化行政干预，让行政部门从对发行人的实质判断中摆脱出来；融资券的发行规模实行余额管理，期限实行上限管理，发行利率不受管制；在发行方式上，采用代销、包销、招标等市场化发行方式；在规范中介服务方面，没有作出资格限制，避免通过行政垄断或行政认可方式来“扶持”一家或数家垄断中介机构；在风险防范方面，坚持运用强化信息披露、信用评级等市场约束手段，遵循投资人自主判断、自行承担风险的基本原则；在短期融资券市场发展进程方面，引导和调动市场主体的积极性，尊重市场发展的客观规律，因势利导、循序渐进，按照市场化的原则发展市场。

作为一个创新的金融产品，在银行间债券市场引入短期融资券是中国融资方式的重大突破，对拓宽企业直接融资渠道、改变直接融资与间接融资比例失调、疏通货币政策传导机制、防止广义货币供应量过快增长、促进货币市场与资本市场协调发展、维护金融整体稳定具有重要的战略意义。

企业短期融资券的推出取得了较好的效果。自2005年5月26日中国国际航空股份有限公司等5家公司首批成功发行短期融资券以来，在两个月的时间里，就发行了9期企业短期融资券，总金额达229亿元。从融资成本考虑，目前已发行的一年期企业短期融资券收益率在2.92%～2.95%，与一年期贷款5.58%的利率相比，成本优势非常显著。在中介服务机构方面，短期融资券的主承销机构也逐步扩大。

股票市场

股票市场是股票发行和交易的场所。有效的股票市场具有筹集资金、配置资源、促进企业转换经营机制和建立现代企业制度、为投资者提供丰富的投资和避险工具等功能。

一、股票市场发展现状

中国股票市场走过了15年的历程，取得了重大成绩，为中国经济社会发展作出了贡献。党中央、国务院高度重视资本市场的改革和建设。2004年2月1日颁布的《国务院关于推进资本市场改革开放和稳定发展的若干意见》（简称《若干意见》）为股票市场的改革和发展指明了方向。

中国股票市场的发展可以分为三个阶段：第一阶段为20世纪80年代中期至1991年，股票市场发展相对缓慢，主要集中在上海和深圳两地试点。第二阶段为1992年邓小平视察南方讲话至2004年初，股票市场进入全面发展阶段，股票市场初具规模，市场基础设施不断改善，法律法规体系逐步健全，市场规范化程度进一步提高，成为社会主义市场经济体系的重要组成部分。

《若干意见》的出台标志着股票市场的发展进入第三阶段。它是1992年以来首次以国务院文件形式颁布的关于资本市场发展的纲领性文件。在国务院的领导下，有关部门围绕贯彻落实《若干意见》，开展了一系列工作，包括推进股票发行制度改革，加大对上市公司的监管力度，维护社会公众股股东合法权益，规范证券公司运作，发展机构投资者，加强市场基础性制度建设，推动产品创新等。这些措施进一步完善了市场体系，防范和化解了市场风险，为股票市场的健康发展打下了良好的基础。

2004年，股票市场基本保持了平稳态势。沪深两市市值下降，但市场规模有所扩大。截至2004年底，沪深两市股票市价总值37 056亿元，流通市值11 689亿元，分别比2003年底下降12.72%和11.31%（图3－5）。股票、基金日均成交174.21亿元，较2003年增加30.73%。投资者账户数7 215.74万户，比2003年底增加了2.05%。股票市场筹资合计1 510.94亿元，比上年增加11.31%；其中，首发筹资353.42亿元，减少22.07%（图3－6）。上市公司规模日益扩大，结构渐趋合理，业绩有所转好。根据2004年上市公司年报披露的数据，沪深1 377家上市公司加权平均主营业务收入24.74亿元，比上年增长27.11%，平均净利润1.28亿元，增长30.66%；加权平均每股收益0.25元，比上年增长 31.58%，平均净资产收益率 9.12%，增长 24.74%（图 3－7）。

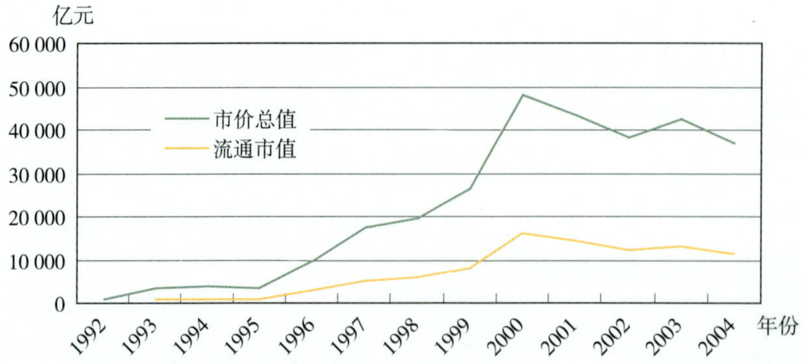

图 3－5　境内上市公司市价总值和流通市值变动情况

数据来源：上海、深圳证券交易所。

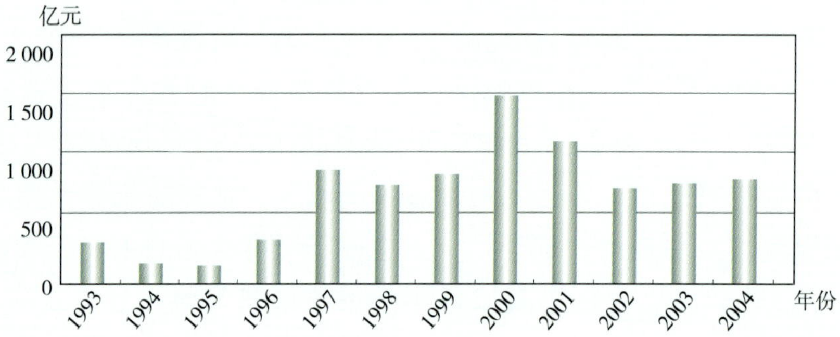

图 3－6　境内上市公司筹资情况

数据来源：中国证监会。

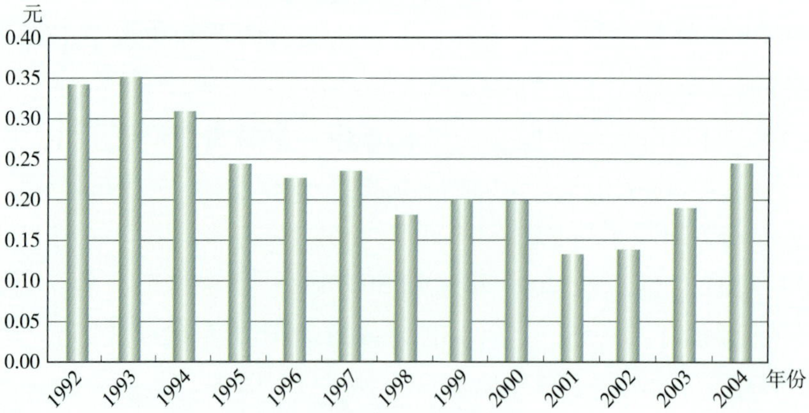

图 3－7　境内上市公司每股收益情况

数据来源：中国证监会。

二、股票市场与金融稳定

股票市场作为金融市场的重要组成部分，其发展对于提高直接融资比例，完善金融市场结构，促进企业发展，维护金融稳定有着重要作用。

一是发展股票市场，可以扩大直接融资比例，形成均衡的市场体系，改变中国融资结构过度依赖于银行间接融资的局面，避免金融风险过于向银行体系集中。

二是发展股票市场，可以促进企业转换经营机制，建立现代企业制度，完善法人治理结构。企业可以通过发行股票筹集资金，改变资产负债结构，从而增强可持续发展能力，加快发展，做优做强。上市金融机构还可以通过股票市场持续补充资本，提高金融机构的资本充足率水平，增强金融机构的抗风险能力，维护金融体系的稳定。

三是透明高效、机制健全、功能完善、运行安全的股票市场，有利于资源的优化配置，将社会资金有效转化为长期投资，促进经济结构调整和发展。另一方面，股票市场如果出现问题，其风险则可能扩散至其他市场，影响到金融的整体稳定。

三、股票市场发展需要关注的方面

中国股票市场是伴随着经济体制改革的进程逐步发展起来的。由于建立初期改革措施不配套和制度设计上的局限，股票市场还存在一些深层次问题和结构性矛盾，制约了市场功能的有效发挥。目前，股票市场发展中应着重关注以下几个方面。

一是信息披露的质量需要进一步提高。股票市场是一个信息市场，上市公司披露的信息是投资者进行投资决策的基础。只有信息披露能够及时、准确地反映公司经营的基本状况和市场的风险状况，投资者才能基于自身风险和收益的偏好而作出理性投资。目前，需要加强稽查和执法的力度和效率，严厉打击上市公司财务造假、延迟披露等信息披露违法行为，提高上市公司信息披露的质量，保证信息披露真实、准确、完整，并强调针对性和有效性，避免信息披露工作中“填空式”的形式主义。

二是市场定价机制有待完善。中国股票市场存在股权分置导致股票定价困难的特殊情形；机构投资者的规模有限，投资理念尚不够成熟，对市场定价的影响力有待发挥；会计、法律、评级、评估等中介机构的专业和诚信程度均有待提高，尚未能为股票定价提供真实、准确、及时的信息基础；做空机制及相关风险定价的产品尚未推出；对价格操纵行为打击力度不够。总体来看，定价机制尚不健全，市场的定价能力不足。

三是股权分置问题需要全面解决。股权分置是指由于早期的制度设计，只有占股票市场总量约1/3的社会公众股可以上市交易（流通股），另外约2/3的国有股和法人股则暂不上市交易（非流通股）。股权分置问题作为中国资本市场上特有的股权结构问题，长期以来困扰着中国资本市场的发展。股权分置问题的存在不利于形成合理的股票定价机制；影响证券市场预期的稳定；使得大股东不关心上市公司的股价变动，流通股股东“用脚投票”，难以形成对上市公司的有效约束，公司治理缺乏共同的利益基础；不利于国有资产的顺畅流转和国有资产管理体制改革的深化；制约资本市场国际化进程和产品创新；等等。可以说，股权分置问题已经成为完善资本市场基础制度的一个重大障碍，需要积极稳妥地加以解决。

四是市场融资功能萎缩，产品结构存在缺陷。股票发行监管仍存在较多的实质性判断，发行和上市审核体制的分工和衔接不合理；新股发行和再融资渠道不畅，优质上市资源外流，直接影响到中国资本市场的国际竞争力，股市的表现与高速发展的国民经济脱节；可交易品种少，缺乏金融期货、股指期权、股票期货等衍生产品。

五是上市公司质量和规范运作有待进一步提高和加强。一些上市公司改制不彻底，经营业绩差，运作不够规范，蕴涵较大风险。另外，上市公司规模结构不合理，截至2004年末，大盘蓝筹企业占上市公司总数不足10%，对维护市场稳定的作用有限，对大型机构投资者的吸引力不足。

六是证券公司需要综合治理。证券公司目前的运行存在一定风险。部分证券公司违规回购国债，挪用客户委托管理的债券和客户证券交易结算资金进行自营业务，在代客理财时承诺回报率，增加了自身经营的压力和风险。在股票市场行情持续低迷的情况下，证券公司流动性严重不足，长期潜伏的问题逐渐暴露出来。2004年以来，南方证券、汉唐证券、闽发证券和大鹏证券等10余家证券公司先后被关闭或托管。

七是机构投资者需要进一步发展。机构投资者规模有限，不利于形成市场价值投资理念、平抑市场投机行为。适合大型资金投资的优质蓝筹企业股票、金融衍生产品不足，机构投资者避险的交易制度有待完善。证券投资基金等机构投资者的考核机制仍存在一定缺陷，导致机构投资行为的短期化。在鼓励企业年金、社会保障基金投资股市的税收政策方面还需要进一步完善。

四、股票市场的改革与发展

按照《若干意见》的精神，推进股票市场改革开放和稳定发展的任务是：以扩大直接融资、完善现代市场体系、更大程度地发挥市场在资源配置中的基础性作用为目标，建设透明高效、结构合理、机制健全、功能完善、运行安全的股票市场。围绕这一目标，要建立有利于各类企业筹集资金、满足多种投资需求和富有效率的资本市场体系；完善以市场为主导的产品创新机制，形成价格发现和风险管理并举、股票融资与债券融资相协调的资本市场产品结构；培育诚实守信、运作规范、治理机制健全的上市公司和市场中介群体，强化市场主体约束和优胜劣汰机制；健全定位明确、风险控制有效、协调配合到位的市场监管体制，切实保护投资者合法权益。

（一）进一步提高上市公司质量和规范运作水平

上市公司的质量是证券市场投资价值的源泉。一是要进一步完善股票发行管理体制，支持竞争力强、运作规范、效益良好的公司发行上市，从源头上提高上市公司质量。二是要积极推进上市公司规范运作。要构建综合监管体系，建立相关部门共享的上市公司监管信息系统，强化上市公司的监管协作。强化对上市公司控股股东、实际控制人以及高管人员的监管，加大违规行为责任追究力度。三是要提高上市公司信息披露质量，严厉打击虚假披露，加强稽查和执法的力度，提高效率，保证信息披露的真实性、准确性和完整性，增强上市公司透明度，让投资者在充分知情的情况下作出投资决策。

（二）积极稳妥地解决股权分置问题

按照《若干意见》所明确的“尊重市场规律，有利于市场的稳定和发展，切实保护投资者特别是公众投资者的合法权益”的基本原则，有关部门本着“试点先行，协调推进，分步解决”的操作思路，逐步解决股权分置问题。2005年4月29日，股权分置改革试点工作正式启动。截至8月19日，两批共46家试点公司全部完成了规定的改革程序，股权分置改革试点工作按计划结束，改革的操作原则和基本做法得到了市场认同，改革的政策预期和市场预期逐渐趋于稳定。同时，通过改革试点也明确了下一步工作的方向。股权分置改革总体上具备了转入积极稳妥推进的基础和条件。8月23日证监会、国资委、财政部、中国人民银行、商务部五部门联合发布《关于上市公司股权分置改革的指导意见》，在总结试点阶段经验的基础上，针对下一步改革可能触及的各类复杂情况，对试点阶段制度安排作了相应的完善。股权分置改革将积极稳妥推进。

（三）扎实推进证券公司风险处置和改革重组工作

近年来证券公司所隐含的风险暴露得越来越充分，反映了证券公司的治理存在着较为严重的问题。在摸清证券公司风险底数的基础上，明确整改措施并落实责任，及时稳妥地处置高风险公司；全面实行分类监管，同时加强对高管人员和股东的监管，形成有效的日常监管体制，从制度建设上清除产生风险的根源；推进行业资源整合，支持优质证券公司做强做大。目前证券投资者保护基金的框架已经建立，证券公司风险防范和化解已经取得了重大进展。

（四）大力发展机构投资者

要继续大力发展证券投资基金，支持保险资金以多种方式直接投资股票市场，逐步提高社会保障基金、企业补充养老基金、商业保险资金等投入股票市场的资金比例，推动商业银行设立证券投资基金。要培养一批诚信、守法、专业的机构投资者，使以基金管理公司和保险公司为主的机构投资者成为股票市场的主导力量。

目前股票市场中机构投资者队伍日益壮大。随着机构投资者在市场上的影响越来越突出，证券市场的估值能力和定价功能明显增强，证券市场的投资理念也出现了积极变化。越来越多的投资者注重公司业绩分析，注重长线投资，市场过度投机得到了有效遏制，市场淘汰机制正逐步形成。

（五）建立多层次股票市场体系，鼓励市场创新

一是建立多层次股票市场体系。进一步规范和发展主板市场，推进中小企业板制度创新，分步建设创业板市场，完善券商代办股份转让系统，适时建立新的交易平台和创新交易方式，逐步形成适应多种投融资需求和风险管理要求的多层次市场体系。

二是建立以市场为主导的品种创新机制。研究开发与股票相关的新品种及其衍生产品。加大风险较低的收益类证券产品的开发力度，为投资者提供储蓄替代型证券投资品种。积极探索并开发资产证券化品种。

（六）积极稳妥地推进对外开放

严格履行中国加入世贸组织关于证券服务业对外开放的承诺，鼓励具备条件的境外证券机构参股证券公司和基金管理公司，引进境外先进管理经验，完善证券公司治理结构和内控机制。继续鼓励合格的境外机构投资者投资股票市

场。同时，积极利用境外资本市场，遵循市场规律和国际惯例，支持符合条件的内地企业到境外发行股票并上市。

（七）完善法制和诚信建设

健全有利于资本市场稳步发展和投资者权益保护的法规体系，为大力发展资本市场创建良好的法制环境。按照健全现代市场经济社会信用体系的要求，制定资本市场诚信准则，维护诚信秩序，对严重违法违规、严重失信的机构和个人坚决实施市场禁入措施。

（八）加强监管，打击违法违规行为

完善监管体系，逐步实现由以审批为核心的实质性判断监管模式向以信息披露为核心的合规性监管模式转变，鼓励市场自律机构和组织发挥作用。监管机构要充分利用与公安部门联合调查和处罚证券犯罪行为的机制，大力加强稽查和执法的力度，提高执法效率，加大对侵占上市公司财产、虚假披露、内幕交易、市场操纵等证券违法行为的处罚力度，特别是对相关责任人的处罚，实行市场禁入制度，提高违规成本，增强震慑力，切实保障投资者的合法权益。

专栏4：推动金融产品创新

金融产品创新是推进中国金融市场整体发展的重要突破口，通过创新，可以丰富金融产品，完善市场体系。

第一，金融产品创新可以增强金融机构的抗风险能力，有利于强化金融稳定的微观基础。商业银行发行次级债券有利于商业银行拓宽资本筹集渠道，提高商业银行资本充足率，增强商业银行抗风险能力；商业银行发行普通金融债券，有利于商业银行通过主动负债工具加强负债管理，缓解资产负债期限错配的程度；资产证券化可以提高商业银行资产的流动性，提高商业银行抵御流动性风险的能力。

第二，金融产品创新提高了市场运行机制的透明度，有利于增强金融稳定的市场约束机制。金融产品创新的过程，实质上就是用标准化、高透明度、高流动性的金融产品不断替代非标准化、低透明度、低流动性金融产品的过程，通常伴随着市场规则的完善和市场约束的强化。在引入新产品的过程中，强制信息披露制度、信用评级制度、债权代理人制度等市场约束机制不断完善，有利于建立基于市场选择的扶优限劣机制。

第三，金融产品创新可以改善社会融资结构，有利于改善金融稳定的宏观环境。引入新的直接融资工具、发展新兴机构投资人，可以逐步改变直接融资与间接融资比例失衡的状况，缓解银行体系的风险聚集。货币市场基金等新兴机构投资者的发展、货币经纪人的引入将逐步改善金融市场结构，有利于减少金融市场的不稳定因素。

第四，境外机构近年来频频注册中国金融期货的现实，增强了中国金融产品创新的紧迫感。金融全球化使得国家之间金融资源的争夺与竞争日趋激烈，为了维护国家金融安全，推动金融产品创新工作的有序开展，有必要尽快研究制定中长期金融发展战略，从满足居民和机构的投资需求和避险工具需求的角度，对金融衍生产品市场的发展进行全面规划。

近年来，金融产品创新和市场制度建设力度进一步加大，稳步推动了金融市场协调、可持续发展。金融产品创新比较活跃，既有货币市场产品的创新，也有资本市场产品的创新，商业票据、回购协议、中长期政府债券、企业债券、封闭式基金、开放式基金等应运而生。金融产品创新的制度建设也取得重大进展：制定了《全国银行间债券市场金融债发行管理办法》，进一步拓宽债券发行主体范围；发布了《短期融资券管理办法》，拓宽了企业直接融资渠道；制定了《全国银行间市场债券远期交易管理规定》，增强了债券市场的流动性；出台了《货币市场基金管理暂行办法》，推动货币市场基金业务的发展；制定了《全国银行间债券市场债券买断式回购管理规定》、《全国银行间债券市场债券买断式回购主协议》，进一步丰富了债券市场交易工具；发布了《上海证券交易所权证管理暂行办法》、《深圳证券交易所权证管理暂行办法》，对引进权证产品进行了有益尝试；出台了《上海证券交易所交易型开放式指数基金业务实施细则》和《深圳证券交易所开放式基金申购赎回业务实施细则》，引入了 ETF 和 LOF 等基金新品种，进一步拓展了基金市场，发展壮大机构投资者。

今后一个时期，应当加快金融产品创新的步伐。在债券市场，发展企业债券市场、扩大商业银行发行次级债券规模，引入一般性金融债券、国际开发机构债券、资产支持证券等新的基础产品；在金融衍生产品方面，应当根据市场的发展，逐步引入利率互换、外汇掉期等新产品。

在加快金融产品创新步伐的同时，应当进一步采取措施规范创新产品，防范金融风险。鼓励金融机构加强内部风险控制，评估创新产品的潜在风险，增强对高科技犯罪的识别及防范能力；完善会计标准，按照国际标准推进信息披露，提高透明度；推动金融监管机构对创新产品的监管，切实防范金融风险。

外汇市场

外汇市场是指进行货币买卖与兑换的市场，主要是由外汇需求者、供给者、买卖中介机构构成的外汇买卖活动场所。其主要功能是形成外汇价格（汇率），调节外汇供求。

一、外汇市场发展现状

中国外汇市场分为两个层次：一是企业与外汇指定银行的结售汇市场；二是全国银行间外汇市场。

企业与外汇指定银行的结售汇市场是指企业与银行之间进行外汇买卖的市场。结汇是指外汇收入所有者将外汇卖给外汇指定银行，外汇指定银行根据交易发生之日的人民币汇率付给等值人民币的行为。售汇是指外汇指定银行将外汇卖给外汇使用者，并根据交易发生之日的人民币汇率收取等值人民币的行为。

全国银行间外汇市场是指经国家外汇管理局批准可以经营外汇业务的境内金融机构之间通过中国外汇交易中心进行人民币与外币之间的交易的市场。中国外汇交易中心提供了银行间外汇市场的交易平台。

1994 年以后，人民币汇率形成机制主要由强制结售汇制度、外汇指定银行结售汇周转头寸限额和中央银行公开市场操作决定。当人民币对美元汇率波幅接近或达到规定上下限时，中国人民银行通过公开市场操作，吞吐外汇，平抑供求。

1994 年银行间外汇市场的建立，改变了市场分割、汇率不统一的局面，为实行以市场供求为基础的、单一的、有管理的浮动汇率制度奠定了基础。十多年来，外汇市场得到了较大的发展，市场成交量从 1994 年的 408 亿美元发展到 2004 年的 2 090 亿美元；人民币兑美元汇率从 1994 年外汇体制改革时 1 美元兑换 8.7 元人民币小幅升值到 2004 年底的 1 美元兑换 8.2765 元人民币。

与此同时，外汇储备持续增加，从 1994 年初的 212 亿美元增至 2004 年末的 6 099 亿美元，因购入外汇而形成的人民币外汇占款迅速增长，成为中央银行基础货币投放的主要渠道（图 3－8）。为缓解因外汇占款增加而产生的通货膨胀压力，中央银行采取了对冲政策，通过提高存款准备金率、发行中央银行票据等措施来吸收市场流动性。

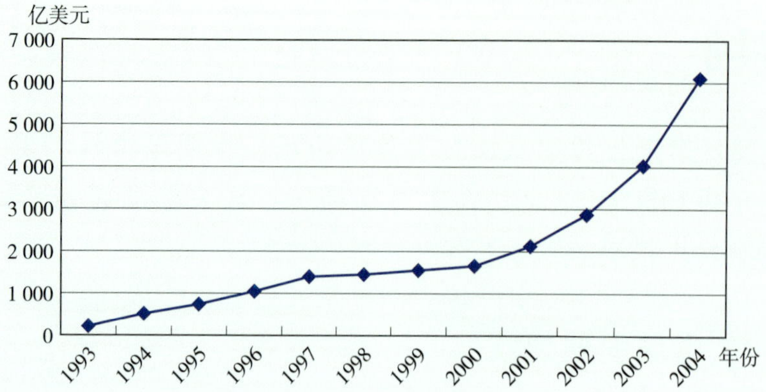

图 3－8　外汇储备变动情况

数据来源：国家外汇管理局。

按照主动性、可控性和渐进性的指导原则，2005 年 7 月 21 日以来，中国人民银行出台了一系列政策措施，进一步完善人民币汇率形成机制。这些政策措施既包括改进中央银行的市场管理方式，增加汇率弹性，如从单一盯住美元转为参考一篮子货币；又包括减少对外汇收入和支出的行政管制，拓宽汇率形成的市场基础，如进一步提高企业经常项目外汇收入可保留的限额，进一步提高个人因私购汇指导性限额和简化购付汇凭证等；还包括加快市场基础设施建设，完善外汇市场功能，如扩大中国外汇市场的交易主体，丰富市场交易方式，增加市场交易产品等。

中国人民银行通过这一系列制度安排，增加了人民币汇率的灵活性和汇率形成的市场化程度，让市场在汇率决定中更多地发挥作用；同时，为市场提供了规避风险的工具；进一步发挥了外汇市场在价格发现、有效配置资源和管理风险上的作用，使中国外汇政策的市场化趋向更加明晰；进一步完善了“以市场供求为基础的、有管理的浮动汇率体制，保持人民币汇率在合理、均衡水平上的基本稳定”的人民币汇率总体目标。

二、外汇市场与金融稳定

目前人民币汇率是通过银行间外汇市场中市场成员之间的交易过程产生的。自 1994 年中国外汇市场运行以来，绝大多数情况下，外汇持续供大于求，中央银行通过外汇公开市场操作，保持了人民币汇率的相对稳定，并大幅增加了国家外汇储备。与此同时，中央银行针对因购入外汇形成的人民币外汇占款持续增加的特点，不断完善本币公开市场业务体系，灵活把握公开市场操作力度和节奏，适时、适度调控银行体系的流动性，及时调控了由于外汇占款增加所导致的基础货币投放。中央银行的市场调控发挥了决定性作用，成为维护汇率稳定和市场稳定的重要力量。

2002 年以来，人民币汇率成为国际社会关注的热点。保持人民币汇率在合理、均衡水平上的基本稳定，不仅有利于中国经济和金融持续稳定发展，而且有利于周边国家和地区的经济和金融稳定发展，从根本上说，也有利于世界经济和金融的稳定发展。因此，应通过培育、发展、规范、健全外汇市场，完善汇率形成机制，使外汇市场发展与中国经济发展水平、经济运行状况、国际收支状况以及其他领域改革相结合，以保持人民币汇率在合理、均衡水平上的基本稳定。

三、外汇市场发展需要关注的方面

自 1994 年外汇体制改革以来，外汇市场发展相对平稳，对稳定人民币汇率起到了基础性作用。但与国际上成熟的外汇市场相比，中国外汇市场的深度和广度有限，市场功能还未充分发挥。目前需要重点关注以下几个方面。

一是市场交易规模较小。2004 年，外汇交易量约 2 090 亿美元，仅为同年中国贸易总量的 18%，而 2004 年全球外汇市场日均交易量就达 1.9 万亿美元。

二是市场主体单一。截至 2004 年末，中国银行间外汇市场会员共 354 家，外汇指定银行占绝大多数，非银行金融机构和其他形式的市场参与者很少。

三是交易比较集中，四大国有商业银行的交易量在银行间市场占有较大比重。

四是人民币兑外币的交易品种较少，仅有人民币对美元、欧元、港元和日元 4 种。

五是避险产品缺乏，不能充分满足企业规避风险的要求。除 1 年期以内远期交易外，期货、期权和掉期等衍生产品交易均未开展。

四、外汇市场的改革与发展

中国外汇市场的改革与发展将按照循序渐进的原则，既要符合中国经济和金融发展的实际，又要与人民币汇率和利率改革以及人民币可自由兑换的进程相一致；既要注重竞争和效率，又要注重合作与风险控制。

一是增加外汇市场交易的种类和数量。适应国内外汇市场的实际情况，加大产品创新力度，增加外汇市场交易品种，不断推出适应市场需要的新产品和新服务。在完善即期外汇市场的基础上，进一步推广远期结售汇试点，建立远期外汇市场，开发外汇远期、货币互换、期货和期权等避险金融工具。

二是研究引进人民币兑美元做市商制度。目前，中国银行间外汇市场主要采取单向报价、竞价撮合的交易制度，市场流动性不强，有必要培育有资金实力、资信状况良好的商业银行充当做市商。通过做市商的双向报价，提高市场流动性，完善外汇市场运行机制。同时，中国人民银行可通过做市商来达到调控外汇市场的目的。做市商随时根据市场交易的主要方向和活跃程度调整买卖价格，改变买卖价差，在一定程度上完善市场价格的形成机制。

三是推进电子化建设。不断完善电子交易系统，研究国际电子经纪的发展趋势，使中国的外汇交易系统与国际接轨，与纽约、伦敦、巴黎和东京等主要国际外汇市场建立伙伴关系，借鉴国际外汇市场运行规则，推动中国外汇市场的对外开放。

四是平衡外汇市场供求关系。通过增加意愿结汇比例，放宽对企业和居民的用汇限制，调整银行结售汇周转头寸等措施，调节外汇市场的供给与需求。

黄金市场

黄金市场是指黄金买卖和兑换的交易场所。中国黄金市场的建立和发展，有利于丰富投资品种，完善中国金融市场体系，完善货币政策调控工具和宏观调控体系。

一、黄金市场发展现状

2002年10月30日，上海黄金交易所的正式成立标志着黄金“统购统配”的计划管理体制的终结。以此为起点，黄金市场的改革不断深入，已初步形成了以上海黄金交易所为主要交易平台、商业银行柜台交易为配套的市场体系。目前黄金市场的运行有以下几个特点。

一是市场规模进一步扩大。2004年国内黄金累计成交665.30吨，同比增长35.60%，成交金额730.97亿元，同比增长59.2%（图3－9）。

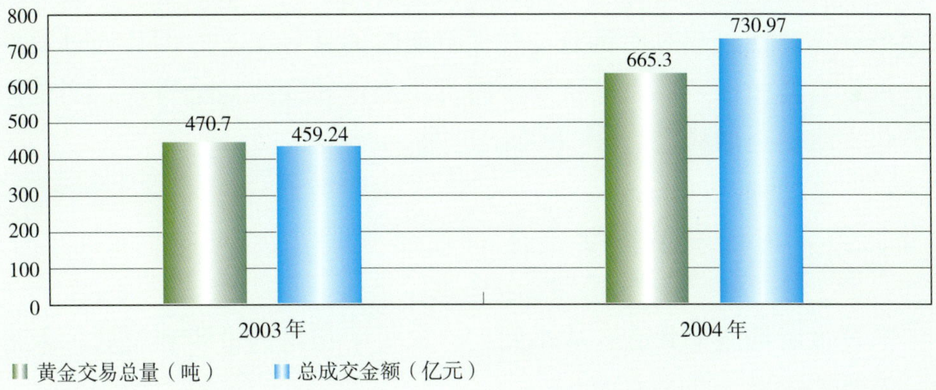

图3－9　2003～2004年黄金市场交易情况

数据来源：中国人民银行。

二是市场参与主体多元化。除了传统的贵金属生产商和首饰、工业用金等贵金属需求者以外，商业银行也积极参与了市场交易。商业银行通过国际市场在需求旺季与淡季之间发挥调节市场、改善供求关系的作用，有效平抑了国内的供求矛盾，促进了黄金生产、流通、消费的有序发展。

三是市场投资功能逐渐增加。市场参与主体的多元化，促使黄金由单纯的使用价值向投资价值转化，市场的投资功能明显增加，为投资者提供了多元化的盈利模式。

二、黄金市场与金融稳定

黄金市场的发展，有利于维护金融稳定。主要体现在以下几个方面。

一是黄金市场的发展完善了金融市场体系，改变了目前中国社会资金结构过分向银行集中的现状，在一定程度上化解了银行体系的压力，有利于维护金融稳定。

二是黄金市场的发展有利于宏观调控。从中央银行的角度看，黄金市场的发展和完善有利于完善货币政策调控工具和宏观调控体系。在现代金融制度下，黄金仍然具有明显的货币属性。虽然布雷顿森林体系解体后，黄金货币的价值尺度职能有所减弱，但目前黄金价格的变动依然是世界各国中央银行判断通货膨胀水平的重要参考。此外，各国中央银行仍持有相当数量的黄金作为国家储备。黄金储备与外汇储备以及在国际货币基金组织的份额共同组成了一个国家的国际储备，共同承担了抵御风险的职能。中国黄金市场的建立和发展，为中国宏观经济调控提供了更加坚实有效的微观基础。

三是黄金市场的发展有利于储蓄向投资转化。由于黄金具有一般商品和货币商品的双重属性，相对而言是一种保值避险的良好工具，因此通过发展黄金市场，可以将高额国内居民储蓄资金由货币资产转变成黄金资产，实现储蓄向投资转化，维护金融稳定。

三、黄金市场发展需要关注的方面

中国黄金市场从无到有，从小到大，取得了长足的进步和发展。未来一段时间，需要关注以下几个方面。

一是高效、安全的黄金交易系统和风险管理制度有待进一步完善。为杜绝风险隐患，保证交易正常稳定进行，应当对交易中的敞口头寸、标的风险估值等进行严格界定，以控制总体交易风险。

二是黄金市场的交易产品需要进一步丰富。目前上海黄金交易所的主要交易形式是实盘黄金现货交易，品种相对单一，不能满足投资者多元化的投资需要。

三是要实现国内黄金市场向国际市场的延伸。目前中国的黄金市场还是一个较为封闭的市场，具体体现为：参与交易的会员仅限于国内的产金、用金企业和商业银行；黄金还不能实现自由的进出口；不能同步与国际市场进行24小时的交易。

四、黄金市场的改革与发展

中国黄金市场的发展目标是建立安全、高效的黄金交易系统，充分发挥黄金市场的投资避险功能。为此，将在以下三个方面推动中国黄金市场的发展。

一是促进黄金交易从单一的商品交易向商品交易与金融产品交易并存发展。以发展个人黄金投资业务为突破口，不断加强品种创新力度，在推出 T+5 和延期交收等创新业务后，不断构建具有投资避险功能的金融产品交易体系的基本框架，使得交易品种在具备商品属性的同时，逐步形成相对完善的金融产品交易体系。

二是增加黄金市场的衍生产品交易。黄金交易市场应在有效防范金融风险的前提下，逐步推出包括远期和期货在内的各种黄金衍生产品业务，以满足投资者规避风险的需要，并为投资者提供多元化的投资工具，丰富市场交易品种。

三是推动国内黄金市场融入国际市场。今后一段时期，中国将加大黄金市场开放度，加快与国际黄金市场接轨的步伐。黄金是国际性产品，可以考虑逐步引入国际上有实力的黄金报价银行、外资银行和著名黄金矿山企业入市参与交易，为黄金市场国际化创造基础。

专栏 5：关注与引导民间金融

民间金融，有时也称非正规金融，是指自然人、非金融企业和组织所从事的、不属于国家金融管理法律与政策调整范围内的借贷活动。在这里，民间是相对于官方而言的，得到官方批准的借贷活动为正规金融，除此之外，其他均属民间金融的范畴。目前，中国民间金融的形式主要有民间借贷、互助会、私人钱庄、私募基金等。

由于中国金融体系不够完善、金融市场不够充分、金融产品不够丰富，又受金融自由化与金融机构风险定价能力的限制，许多地区中小企业和农户从正规金融融资难。民间金融为中小企业和农户提供了融资便利。可见，现阶段中国民间金融活动的存在与发展有其客观的原因，而且民间金融的存在也在一定程度上支持了中小企业和农村经济的发展。

除上述客观需求外，民间金融在其特定的地域空间具有一定天然优势。首先，由于地域、职业和血缘等原因，民间金融具有天然的信息优势。其次，民间金融因地制宜地安排担保，缓解了贫困的农民和中小企业面临的担保约束。许多民间金融市场上的担保品在正规金融市场上不能用作担保。在民间金融市场上，还存在一种社会担保机制。民间金融市场上的借贷双方除了具有信用关系，还处于一定的社会关系中。在一定意义上，这种社会关系也是一种无形的资源，它能够给当事人带来一定的物质或精神收益，也是社会担保机制的基础。社会担保机制的存在，使贷款人在经济制裁之外还增加了别的制裁方式，从而对借款人的行为构成约束。此外，民间金融还具有交易成本低的优势。

同时，我们必须清醒地认识到，民间金融的上述优势是相对的，因为民间金融活动只能在一个较小的范围内才有效率，即民间金融存在规模和范围上的劣势。如果对民间金融缺乏引导，就可能为不法分子所利用，进行金融欺诈，扰乱金融秩序，最终影响金融稳定。福建省福安“标会”风波就是典型案例。

为充分发挥民间金融在金融服务不发达地区或领域的作用，应加强监测和引导民间金融。

首先，尽快对民间金融进行合理的引导，对不同形式的民间金融采取不同管理方式，充分发挥民间金融对经济增长的有益作用，抑制其对金融稳定的消极影响。

其次，应当区别对待合理的民间金融活动与非法的民间金融活动，逐步给予前者政策支持，引导其向公开、规范的方向发展。同时对危害经济、社会与金融稳定的金融欺诈行为和非法吸收、变相吸收公众存款的行为依法予以打击，维护金融秩序。

最后，在引导民间金融的过程中，逐步放宽民间资本进入金融领域的限制，允许民间资本在一定的条件下从事金融服务。同时，加快完善农村金融体系和中小企业信用担保体系，促进有民间资本参股的中小金融机构的稳步发展。

第四部分

金融业与金融稳定

中国金融业主要由银行业、证券业、保险业组成。金融业运行的稳健状况直接影响金融稳定。

改革开放以来，中国建立健全了金融机构体系。截至2004年底，银行业金融机构包括3家政策性银行、4家国有商业银行、12家股份制商业银行、112家城市商业银行、681家城市信用社、32 854家农村信用社、8家农村合作银行、7家农村商业银行、211家外资银行营业性金融机构、220家外资银行代表处、4家金融资产管理公司、59家信托投资公司、74家财务公司、12家金融租赁公司、3家汽车金融公司以及遍布城乡的邮政储蓄机构；证券业金融机构包括131家证券公司、43家基金管理公司、187家期货经纪公司和111家证券投资咨询机构；保险业金融机构包括6家保险集团和控股公司、69家保险公司、4家保险资产管理公司、1 317家专业保险中介机构和11万多家兼业保险中介机构。据中国人民银行统计，截至2004年底，金融业总资产达41.28万亿元。

近年来，中国加大了金融机构风险处置和重组改革的力度，金融业总体保持稳健运行。银行业改革取得了突破性进展，尤其是国有独资商业银行股份制改革成果显著，中国银行和中国建设银行股份制改革试点工作进展迅速并已取得阶段性成果，中国工商银行股份制改革工作已经展开，深化农村信用社改革试点工作推广到全国29个省（区、市），农村金融体制改革正在全面推开，股份制商业银行、城市商业银行、城市信用社、信托投资公司等机构的改革也在稳步推进。保险业改革和发展成效明显，国有保险公司重组改制基本完成，中国人民财产保险股份有限公司、中国人寿保险股份有限公司、中国平安保险（集团）股份有限公司的境外上市有效地促进了保险机构公司治理的完善。证券业处于较为困难的时期，但风险已充分暴露，整体改革思路和框架已基本明确，2005年以来证券公司风险处置和重组改革初见成效，总体情况有望改善。

今后一段时期，中国金融业将按照完善社会主义市场经济体制的要求，深化金融企业改革，明晰产权主体，完善公司治理，转换经营机制，加强内部管理，把商业银行、证券公司和保险公司等金融机构建设成为资本充足、内控严密、运营安全、服务和效益良好的现代金融企业；提升金融创新水平，加强金融机构的产品定价能力，重视发展银行业的中间业务，开发证券公司的卖方业务，加快保险产品结构调整，培育可持续的盈利模式，提高金融机构的竞争力；优化融资结构，提高直接融资比例，扩大居民投资渠道，有效分散和管理金融风险；加强审慎监管，建立健全监管协调机制，推动金融业的稳健发展。

银行业

中国银行业金融机构包括国有商业银行、政策性银行、股份制商业银行、城市商业银行、城市信用社、农村信用社、农村合作银行、农村商业银行、金融资产管理公司、信托投资公司、财务公司和金融租赁公司等。总体上看，中国银行业运行稳健，资产总额及存贷款稳步增长，经营业绩有所提高，抗风险能力大为增强，有效地促进了储蓄转化为投资，在资源配置中发挥了重要作用。但是，一些影响中国银行业稳健运行的不利因素仍然存在，为此，中国通过市场化方式对银行业进行重组和改革，优化股权结构，完善公司治理，促进现代金融企业制度的建立。近两年来，银行业改革的重点是推进国有独资商业银行股份制改革和深化农村信用社改革，同时着手推动股份制商业银行、城市商业银行、政策性银行等其他银行业金融机构的重组改革。目前改革已经取得显著成效。为保持稳健运行状态，提升竞争力，今后将继续加大银行业的重组和改革力度。

一、银行业运行状况

资产总额及存贷款余额平稳增长。2004 年底，境内中资银行业金融机构资产总计人民币 31.02 万亿元，比上年底增长 13.46%。境内中资银行业金融机构本外币贷款余额为人民币 18.65 万亿元，同比增长 11.04%。境内中资银行业金融机构本外币存款余额为人民币 24.81 万亿元，同比增长 15.5%。对境内存款货币银行[①]的统计分析，可以代表性地说明中国银行业资产及存款余额增长趋势（图 4－1）。银行业资产总额增长速度有所放缓，主要原因是银行业近年来注重加强贷款风险控制，以保持符合监管要求的资本充足水平。

经营更加稳健，盈利能力增强。2004 年，境内银行业金融机构实现账面利润 1 011.19 亿元，同比增加 704.22 亿元。盈利能力的快速增长为消化历史包袱提供了坚实的财力基础。

资产质量逐步改善，不良贷款余额和比例实现“双下降”。2004 年底，按照五级分类口径，主要商业银行（指 4 家国有商业银行和 12 家股份制商业银行，下同）不良贷款余额 17 176 亿元，比上年底减少 3 946 亿元；不良贷款率为 13.2%，比上年底下降 4.6 个百分点。这是继 2002 年、2003 年后的连续第

① 存款货币银行统计范围包括：国有商业银行、股份制商业银行、城市商业银行、城市信用社、农村信用社、农村商业银行、农村合作银行、企业集团财务公司和中国农业发展银行。

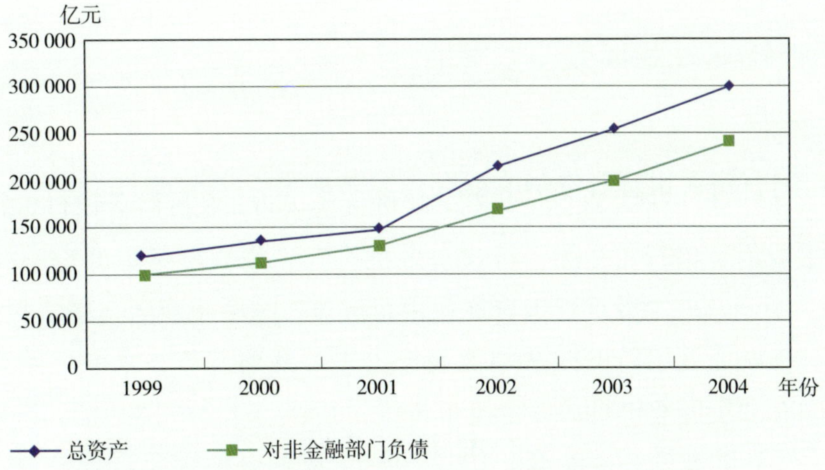

图 4－1　存款货币银行总资产与对非金融部门负债情况

注：对非金融部门的负债包括：活期存款、定期存款、储蓄存款、其他存款和外币存款。

数据来源：1999～2002 年《中国金融年鉴》、2002～2004 年《中国人民银行年报》。

三年“双下降”。不良贷款实现“双下降”的主要原因是这些银行普遍实行了审贷分离，加强了贷款管理；加大了授权授信管理和贷款检查力度，防止新的不良贷款产生；运用经济、法律手段加大不良贷款回收力度，集中力量处置各种不良贷款，切实加强核销呆坏账工作，做实账面利润。同时，这些银行加大了非信贷资产的处置力度，改进风险管理体制，强化风险内控机制。

资本充足率提高较快，抵御风险能力增强。2004 年，16 家主要商业银行损失准备金缺口缩小了 1 239 亿元，资本充足率提高了 2.87 个百分点。特别是实施股份制改造的国有商业银行和已经上市的股份制商业银行，基本上没有风险准备金缺口，风险控制能力明显提高。在主要商业银行和所有的城市商业银行中，资本充足率达到中国银监会颁布的新标准要求的银行，从 2003 年底的 8 家增加到 2004 年底的 30 家。达标的银行资产占整个银行业资产的比例，由 2003 年底的 0.56% 提高到 2004 年底的 47.53%。

银行体系流动性适度。2004 年底，银行业流动性比率为 47.05%，存款准备金比率为 11.89%，外汇中长期贷款比率为 34.06%，人民币和外汇存贷比分别为 70.26% 和 76.07%。上述比率均控制在有关规定范围内，表明中国商业银行流动性较好。

二、银行业改革成效

（一）国有商业银行股份制改革取得显著成果

四家国有商业银行在全部银行业金融机构存、贷款市场中的份额超过50%（图4－2）。中国政府十分重视国有商业银行改革。1997年亚洲金融危机后，中国政府对国有独资商业银行的改革与发展作出重要战略部署，采取一系列重大举措，推进国有独资商业银行的综合改革进程：1998年发行2 700亿元特别国债补充4家国有独资商业银行资本金；1999年成立4家金融资产管理公司，剥离国有独资商业银行不良资产近1.4万亿元；2002年起全面推行贷款五级分类制度，实行审慎的金融会计准则。4家国有独资商业银行积极推进经营管理体制改革，完善风险管理和内部控制机制。这些改革措施增强了4家国有独资商业银行的资本实力，促进了内控制度的完善。4家国有独资商业银行盈利能力明显提高。

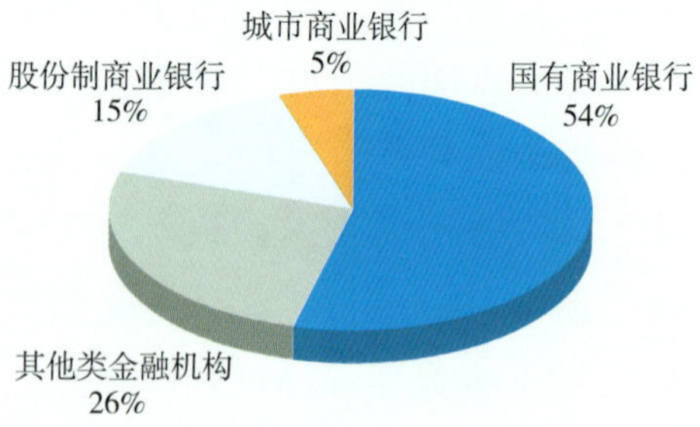

图4－2
2004年中国银行业规模结构
注：1. 银行业规模以各类机构的资产总额计算。
2. 其他类金融机构包括政策性银行、农村商业银行、外资金融机构、城市信用社、农村信用社、财务公司、信托投资公司、金融租赁公司和邮政储汇局。
数据来源：中国银行业监督管理委员会网站 http://www.cbrc.gov.cn。

2003年9月，国务院决定成立国有独资商业银行股份制改革试点工作领导小组。这次国有独资商业银行股份制改革的目标是，按照“产权清晰、权责明确、政企分开、管理科学”的现代企业制度要求，通过财务重组、内部改革和严格外部监督，促使国有商业银行真正建立现代金融企业制度、健全公司治理、转换经营机制、加强内部管理、实现可持续发展，成为资本充足、内控严密、运行安全、服务和效益良好、具有国际竞争力的现代商业银行。

国有独资商业银行股份制改革试点工作在总结中国经济与金融体制改革经验的基础上，借鉴国际上化解金融风险的经验，采取财务重组、处置不良资产、设立股份公司、上市等改革步骤，积极推进国有独资商业银行的改革和发展。在具体操作中，实行“一行一策”。在财务重组方面，2003年12月16日国务院批准设立中央汇金投资有限责任公司（简称汇金公司），明确汇金公司代表国家对重点金融机构进行财务重组并履行出资人职能。在处置不良资产方面，依据国家法律与政策规定，核销资产损失，采取公开招标等市场化方式处置不良资产，提高不良资产处置效率。在设立股份有限公司方面，明确实行整体改制，制定公司治理与内控指引。对股份制改造所涉及的财政税收、劳动工资、社会保障、国有土地经营管理、人事管理、工商登记注册、金融监管等方面也制定了相应的配套政策。

2003 年 12 月 30 日，国有独资商业银行股份制改革试点工作正式启动，国务院决定通过汇金公司向中国银行（简称中行）、中国建设银行（简称建行）各注资 225 亿美元。2005 年 4 月，中国工商银行（简称工行）股份制改革启动，汇金公司对工行注资 150 亿美元。中行、建行、工行的财务重组、完善公司治理等股份制改革工作在注资后全面推开。

由于改革的总体方案设计科学，试点各阶段任务明确，中行、建行两家试点银行责任落实，相关部门政策及时配套，股份制改革试点工作进展迅速，实现了阶段性目标。两行财务可持续能力得到改善。通过国家注资、核销和市场化处置不良资产、增加风险拨备等措施，两行主要财务指标已接近国际大型商业银行的水平。截至 2004 年底，中行、建行资本充足率明显提高，分别为 8.62%、11.95%；资产质量显著改善，不良贷款比率分别降至 5.12%、3.70%；盈利能力大大增强，2004 年拨备前利润分别达到 585 亿元、608.5 亿元，较 2003 年分别增长 16%、14%；各项风险拨备得到补充，2004 年底各项拨备分别为 783 亿元和 583 亿元，消化风险的能力大为增强。在财务重组过程中，两行聘请国际权威中介机构进行财务审计、资产评估、法律尽职调查等工作，并按照国际惯例进行了信息披露。

中行、建行现代公司治理结构和机制开始发挥作用。汇金公司代表国家行使对中行、建行出资人的权利，按照建立现代企业制度的要求，向中行、建行派出董事和监事，履行国有资产出资人的职能，较好地解决了国有商业银行长期存在的产权主体虚置问题。中行和建行在进行财务重组、实施股份制改造过程中，按照改革与管理并重的原则，加快内部改革，改善公司治理，分别于 2004 年 8 月 26 日和 9 月 21 日成立股份有限公司。目前，两行股东大会、董事会、监事会和新的管理层已正常运作，董事会及其专门委员会、监事会已按制度安排审议重大事项，管理层逐步转变经营观念，确立了股东价值最大化的经营管理目标。两行正在完善内部控制和风险管理，改革组织结构和人力资源管理体制，整合业务流程，加强机构扁平化和业务垂直化管理。

同时，两行积极引入战略投资者。建行成为四家国有商业银行中第一家与境外战略投资者达成协议的银行。2005 年 6 月 17 日，建行和美国美洲银行签署了关于战略投资与合作的最终协议，美洲银行将分阶段对建行进行投资，最终持有股权可达 19.9%，并在众多领域向建行提供战略性协助。7 月 1 日，建行与新加坡淡马锡控股（私人）有限公司（简称淡马锡）正式签署战略合作协议，淡马锡成为建行的第二个国际战略投资者。中行引进境外战略投资者工作进展顺利。8 月 18 日中行与苏格兰皇家银行集团（简称苏格兰皇家银行）签署战略性投资与合作协议，苏格兰皇家银行将出资总计 31 亿美元，购入中国银行 10% 的股权。8 月 31 日，中行又与淡马锡签署战略投资协议。

工行股份制改革工作已经展开，在进行注资、市场化处置不良资产等财务重组后，工行的资本充足率、资产质量、风险拨备和盈利水平等财务指标都已经大幅度提高。财政部和汇金公司在工行的公司治理中开始发挥实质性作用，履行国家出资人的权利和义务，努力将工行建设成为在国际上具有竞争力的大型股份制商业银行。

中国农业银行（简称农行）在改进经营机制、深化内部改革、加强风险控制和提高盈利水平等方面也作出了努力，为下一步股份制改革奠定了基础。

专栏 6：加强商业银行内部控制体系建设

内部控制体系是商业银行为实现经营管理目标，通过制定和实施系统化的政策、程序和方案，对风险进行识别、评估、控制、监测和改进的动态过程和机制，由内部控制环境、风险识别与评估、内部控制措施、监督评价与纠正、信息交流与反馈五个相互关联、相互作用的过程构成。

内部控制体系建设是完善公司治理的重要内容之一，世界各国高度重视内部控制体系建设。2002 年美国通过了《萨班斯—奥克斯利法案》(Sarbanes - Oxley Act，简称萨班斯法案或 SOA)，SOA 的目的在于以系统化、法规化的方式要求上市公司将其内部应当存在的、有效的公司治理和内部控制制度等呈现给公众，其中的 SOA404 条款对于加强内部控制体系提出了更高要求。SOA404 条款包括财务报告内部控制及程序、管理层对内控的责任和外部审计师对公司内控的评估和证明等三个方面的内容。SOA404 条款的规定虽然主要是针对在美国上市的企业，但对中国商业银行加强内部控制体系建设同样具有重要的借鉴意义，比如，要有明确的内控目标，并针对内控目标确定相应的控制要素；要建立包括董事会、管理层、内部审计和外部审计的系统化的内部控制系统；要适时设立内控合规部门，加强内控体系建设。

在过去相当长的时间里，中国商业银行内部控制体系的建设比较滞后，主要表现在没有形成系统的内部控制制度，缺乏主动的风险识别与评估机制，数据的统一计算和系统开发缓慢，内部控制措施零散、不系统，监督检查环节不到位，内部控制结果不稳定，缺乏对内部控制持续改进的驱动力，风险管理的长效机制没有从根本上得到建立。

针对以上问题，中国国有商业银行在实施股份制改革、完善公司治理的进程中，突出加强了内部控制体系和风险管理机制建设，在内控管理体制、分支机构管理和流程再造等方面采取了一系列措施，初步构筑起对各项经营管理活动全方位覆盖、全过程监督的内部控制机制。建立完善的内部控制体系是一项长期任务，事关国有商业银行股份制改革成败和长远可持续发展。在国有商业银行股份制改革的进程中，财务重组、成立股份公司以及今后公开上市的重要目标之一就是要建立完善的公司治理机制，促进内部控制体系的完善。国有商业银行应研究和借鉴国际先进经验，采取切实可行的措施，不断完善风险管理和内部控制机制，切实加强内部控制体系建设。

（二）农村信用社改革推进顺利，农村金融体制改革取得重要进展

农村信用社是新中国成立之后最早成立的金融机构之一。多年来，农村信用社认真履行国家的金融服务政策，坚持为农业、农村、农民（简称“三农”）服务的宗旨，不断改进服务质量，增加支农投入，在促进农业和农村经济发展，帮助农民发展生产、增加收入等方面做了大量工作。近几年，农村信用社积极推广了农户小额信用贷款和农户联保贷款，缓解了广大农民和农村个体经济组织贷款难的问题。

在农村信用社的管理体制上，1996 年以前，对农村信用社的业务管理由中国农业银行代管。1996 年中国人民银行行使对农村信用社的管理职能后，投入了大量的资源用于加强对农村信用社的改革和监管，并按照合作制的原则对农村信用社进行了规范与改造。2003 年开始，对农村信用社的监管职能移交到银监会。

农村信用社成立时间较早，在产权制度、管理体制、职能定位、公司治理、历史包袱、资产质量等方面积累的问题较为突出。为彻底解决农村信用社的历史遗留问题，建立健全农村金融体系，2003 年 6 月 27 日，国务院下发了《深化农村信用社改革试点方案》，明确提出了“明晰产权关系、强化约束机

制、增强服务功能、国家适当支持、地方政府负责”的改革试点原则。2003年，经国务院批准，吉林、山东、江西、浙江、江苏、陕西、贵州、重庆等8省（市）开展了改革试点工作。中央政府在财政、税收和资金等方面对试点地区农村信用社改革给予支持。在资金支持方面，中国人民银行发行专项中央银行票据或者安排中央银行专项借款，其中专项中央银行票据用于置换农村信用社2002年底实际资不抵债额的一半①。中国人民银行对试点地区农村信用社改革给予资金支持，有利于改善农村金融服务，帮助农民发展生产、增加收入，促进农业和农村经济发展。

从8省（市）的实施情况看，深化农村信用社改革试点工作取得了明显的阶段性成果。一是农村信用社的资本充足率快速提高，抗风险能力增强。2003年和2004年，8省（市）农村信用社共增资扩股367亿元，2004年底资本净额604亿元，资本充足率达到8.7%。二是历史包袱初步化解。2004年底，考虑专项票据置换因素，8省（市）农村信用社的不良贷款比2002年底减少391亿元（剔除票据置换因素，实际减少83亿元），不良贷款率下降13.3个百分点。三是财务状况明显改善。2004年改革试点8省（市）的农村信用社全部实现盈利，盈利总额68.8亿元，占全国农村信用社盈利总额的66.9%。四是支农服务的资金实力增强。2004年，8省（市）辖内农村信用社的存贷款增幅大大高于全国的平均水平，支农信贷投放显著增加。五是部分县（市）农村信用社在改革产权制度、组织形式、运行机制，尤其是加强内部管理等方面进行了有益的探索，同时，经营观念转变，支农服务意识增强。

2004年8月，深化农村信用社改革试点范围进一步扩大至北京、天津、河北等21个省（区、市）。目前，改革试点工作进展顺利，农村信用社各项业务平稳发展，经营状况明显好转，支农服务进一步改善。

近两年来，在农村信用社改革不断深化的同时，农村金融体制改革也取得了重要进展。农村信用社贷款利率两次扩大浮动范围，邮政储蓄转存款利率机制初步理顺，扩大了“三农”信贷资金来源。通过全面清理农村合作基金会，农村金融秩序继续好转。农业保险试点工作已经在条件具备的地区展开。

（三）股份制商业银行保持快速发展态势

股份制商业银行通过重组改造、补充资本金、引进境外战略投资者，不断完善公司治理和加强内控制度建设。截至2004年底，12家股份制商业银行中，资本充足率高于8%的股份制商业银行已由2003年底的3家增至8家；已

① 实际资不抵债额=历年挂账亏损+实际资产损失-所有者权益-呆账准备金。

有6家股份制商业银行陆续引进了多家境外战略投资者，其余6家正积极筹备引进境外战略投资者工作。

交通银行积极推进股份制改革。2004年6月30日，交通银行（简称交行）完成财务重组，8月18日完成引入战略投资者（汇丰银行）的入股股权交割工作。汇丰银行持有交行19.9%的股份，成为交行的第二大股东，并参与该行董事会和高级管理层。通过重组、引资和推进各项内部改革，交行股权结构逐步合理，公司治理日趋完善，股东大会、董事会、监事会和高级管理层之间相互制衡的机制已基本形成，主要财务指标达到了国内同业先进水平。与此同时，交行总行组织架构再造的目标初步完成，以扁平化管理为核心的分支机构调整已经到位，与汇丰银行的合作正在逐步深化。2005年6月23日，交行股票在香港联合交易所成功上市。

其他股份制商业银行也在引进境外战略投资者，积极推动重组和改革。兴业银行24.98%的股份由三家外资金融机构持有，成为外资参股比例最高的一家境内银行。2004年9月22日，美国新桥投资集团以17.89%的参股比例成为深圳发展银行第一大股东。花旗银行入股上海浦东发展银行，双方在信用卡等业务领域签订了合作协议。中国光大银行、广东发展银行的重组和改革也在积极推进之中。通过引进境外战略投资者和加快改革，股份制商业银行在董事会运作、风险管理、市场拓展和业务经营等方面发生了明显的积极变化。

（四）城市商业银行保持良好发展势头

城市商业银行在市场环境不断变化的情况下，保持了良好的发展势头。由于具有经营机制灵活、机构网点较多的体制优势，城市商业银行按照“防险、管理、改革、发展”的思路，以完善公司治理、引进境外战略投资者、增强透明度为手段，全面提升综合竞争能力。在内部管理方面，一些城市商业银行试行了规范的公司治理结构，并在引进境外战略投资者和国外先进银行管理技术方面进行了大胆探索。在风险处置方面，部分地方政府主动以优质资产置换不良资产的方式帮助城市商业银行化解历史形成的资产风险。一些城市商业银行的资本充足率和流动性比率等指标有所改善，基本达到监管要求。

（五）城市信用社整改初见成效

从1998年开始，监管机构对城市信用社实施整改。一是对县域内城市信用社采取了更名改制的方式，将其改为农村信用社；二是对一些城市信用社采取了合并重组和股份制改造，将其变成单一法人社；三是由有关商业银行按照市场原则收购或者由创建城市信用社的商业银行负责收回；四是将部分城市信用社改制组建为城市商业银行；五是对高风险城市信用社采取市场退出措施。经过6年的整顿和处置，城市信用社的总数从1998年底的3 290家减少到2004年底的681家。

（六）政策性银行总体运行平稳

1994年，中国先后设立了3家政策性银行——国家开发银行、中国农业发展银行（简称农发行）和中国进出口银行，专门承担政策性金融业务。3家政策性银行积极贯彻国家产业政策、对外经贸政策和宏观调控政策，在推动经济结构战略性调整、缓解经济发展瓶颈制约、保护和加强农业基础地位、促进农业和农村经济的发展、提高中国企业和出口商品的国际竞争力、加快开放型经济的发展等方面发挥了重要作用。截至2004年底，3家政策性银行资产总额2.41万亿元，其中贷款余额2.22万亿元；负债总额2.3万亿元，其中金融债券余额1.42万亿元，向中央银行借款6 099亿元；2004年实现利润总额131亿元。

（七）金融资产管理公司发挥积极作用

为有效化解银行风险，促进国有独资商业银行转换机制、改善资产质量、增强竞争力，中国于1999年成立了中国信达资产管理公司、中国东方资产管理公司、中国长城资产管理公司、中国华融资产管理公司，收购、管理和处置4家国有独资商业银行和国家开发银行剥离的1.4万亿元不良资产。5年来，4家金融资产管理公司运用国家赋予的政策和手段，通过多种方式对不良资产进行专业化和市场化处置，在化解金融风险、推动银行和国企改革、维护社会信用秩序、保全国有资产等方面发挥了积极作用。2004年以来，在国有独资商业银行股份制改造过程中，4家金融资产管理公司以市场化方式处置实施股份制改造银行的不良资产，有力地支持了国有商业银行股份制改革。截至2004年底，4家金融资产管理公司累计处置不良资产6 750.6亿元，资产处置率为53.96%，资产回收率为25.48%，现金回收率为20.29%。同时，金融资产管理公司的资产处置费用率和现金费用率呈逐年下降趋势。

（八）信托业经营业绩有所改善

截至2004年底，全国重新登记的信托投资公司共59家。虽然少数整顿后的信托投资公司出现经营风险，但通过及时处置高风险机构，加强高风险信托业务的管理，全行业经营水平有所提高。

信托业务不断发展，信托投资公司管理的信托财产总额继续增加。作为信托主体业务的资金信托余额占全部信托财产的85%以上，其他财产形式的信托业务初步发展，动产、不动产、其他财产信托、公益信托业务都有所增长。截至2004年底，信托投资公司总资产2 784亿元，信托财产余额2 042亿元，比2003年底增加632亿元，增长了45%。

信托投资公司经营状况较为稳定。业务收入有所增长，收入结构优化，信托投资公司2004年的营业总收入45.7亿元，其中信托管理费收入12亿元，占总收入的26%。已经设立的信托计划管理情况基本正常，多数信托合同执行良好。除受德隆事件严重影响的金新乳品信托计划等少数信托计划外，2004年到期的单独管理信托和集合信托计划所管理的财产已安全交付受益人。内部管理水平有所提高，从业人员风险意识普遍提升，一些历史遗留风险得到控制。行业总体负债水平下降，合规性负债少量增加，需要清理的历史负债继续减少。

2005年，信托行业将有550个集合信托计划到期，应归还的到期财产仅本金就达254亿元。管理好各类风险，维持信托业稳健经营的任务十分艰巨。

三、银行业发展需要关注的方面

根据巴塞尔银行监管委员会《有效银行监管核心原则》，银行面临的主要风险是信用风险、市场风险（包括利率风险）、操作风险、流动性风险、法律风险、声誉风险和国家及转移风险。《有效银行监管核心原则》提出，银行业必须要了解、监测与控制银行业务的内在风险，通过提高资本充足率和风险拨备水平，完善公司治理，增强风险管理能力，妥善地计量和管理这些风险，确保银行稳健经营。结合中国银行业的发展现状，目前应重点关注中国银行业的信用风险、市场风险和操作风险，注意人民币存贷款期限错配中潜在的流动性风险，重视提高银行业抵御风险的能力。

关于信用风险。信用风险是指借款人的信用水平下降或交易对象无力履约的风险，不仅存在于贷款中，也存在于其他表内与表外（如担保、承兑等）业务中。信用风险是中国银行业面临的主要风险，突出表现为不良贷款和风险集中问题。目前，形成中国银行业信用风险的因素仍有待进一步消除。第一，直接融资与间接融资比例失衡。间接融资比重过大，导致信用风险集中在银行业。需要采取多种手段扩大直接融资比例，推动债券市场和股票市场发展，缓解银行业风险集中问题。第二，银企关系仍需进一步理顺。企业是中国商业银行的主要贷款客户，只有企业改革进展顺利、盈利水平提高、整体素质改善、诚信程度增强，企业的还贷能力才能提高，违约率才能下降，从而降低商业银行不良资产发生的概率。第三，会计制度和税收政策有待改革。对于属于风险行业的商业银行来说，是否具有通过拨备及最后核销的手段来消化不良资产的能力非常重要。从这个角度来讲，拨备制度改革是银行业改革的一个关键环节，与此相适应的税收制度也应改革和完善。第四，风险产品交易市场和不良资产处置市场尚未建立。为了帮助银行识别资产风险，对风险进行定价，并运用市场规则、通过正常的交易来转移风险，需要建立风险产品的交易市场。对已形成的不良资产，应通过建立不良资产市场进行处置，这对银行业处置历史遗留的不良贷款至关重要。第五，中介服务机构的作用仍未充分发挥。会计师事务所、律师事务所、评估师事务所、评级公司和征信机构等多种专业化中介服务机构在防范信用风险中发挥着重要作用，应重视和鼓励这些中介服务机构的发展。

关于市场风险。市场风险是指由于市场价格的变动，银行的表内和表外头寸会面临遭受损失的风险。利率风险是市场风险的一个重要内容，指在利率出现不利的波动时银行的财务状况所面对的风险。一方面，随着中国利率市场化改革的持续推进，中国银行业面临的利率风险值得关注。2004 年以来，中国利率市场化改革迈出了重大步伐，尤其是取消了贷款利率上限和存款利率下限管制，利率浮动的范围逐步扩大，但利率市场化改革仍在进行中。如果不能实行市场化利率，用“一刀切”的利率来对待不同类型的企业，一些风险性贷款的损失就难以得到覆盖，各类收费业务和存款类产品就得不到合理定价。另一方面，由于目前中国银行业盈利模式比较单一，盈利主要来源于利差收入，市场价格变动影响应予以重视。中国银行业应加快改进盈利模式，发展商业银行中间业务，提升中间业务收入在总收入中的比重，以降低市场价格变动的影响。同时，加强对宏观经济的研究，及时判断经济中可能出现的波动，对市场风险加以防范。

关于操作风险。操作风险是指因信息技术系统的重大失效和各种灾难事件，或者因内部控制及公司治理的失效，金融机构对各种失误、欺诈、越权或职业不道德行为，未能及时作出反应而遭受损失的风险。由于银行业债权人和股东之间、股东和管理层之间以及内部各级机构的管理层之间存在多重委托代理关系，如果公司治理及内部控制机制不完善就容易形成操作风险。近年来，中国银行业在风险控制、财务管理、薪酬激励、业务流程、信息科技等内部控制机制方面进行了一些改革，在完善公司治理方面作出了有益的探索，但是，完善公司治理、转换经营机制、加强内部管理仍是摆在中国银行业面前的艰巨任务。

关于流动性风险。流动性风险是指银行无力为负债的减少或资产的增加提供融资，即当银行流动性不足时，无法以合理的成本迅速增加负债或变现资产获得足够的资金，从而影响其盈利水平的风险。中国银行业人民币存贷款期限错配问题比较突出，且 2004 年底中长期贷款比例上升为 135.4%，超出规定比率 35.4 个百分点，过多的短期存款用于发放中长期贷款，近一半以上的流动资金贷款也被用在流动资金用途以外，潜在的流动性风险应引起关注。

专栏 7：商业银行存贷期限错配

商业银行存贷期限错配是指商业银行依靠短期存款来为长期贷款融资时产生的期限不匹配问题。期限错配和币种错配是新兴市场国家普遍面临的问题。其中，期限错配可加剧新兴市场国家面临的外部冲击，并减缓危机后的经济复苏速度。一旦出现存款期限缩短或贷款期限拉长的趋势，银行的资产负债表将积累大量的流动性风险，并将可能引发支付危机。

截至 2004 年底，中国商业银行各项贷款占其总资产的 60.1%，各项存款占其总负债的 89.2%。商业银行存贷业务占据了负债和资产的绝大部分，因此其存贷期限结构错配情况也基本反映了商业银行的资产负债错配情况。中国商业银行的期限错配问题主要体现在以下几方面。

第一，中国商业银行存贷期限结构错配比较严重，潜藏的风险不容忽视。存贷期限错配可分为短存错配和长贷错配。短存错配是指短期内应支付存款与应收回贷款之差。中国商业银行长短期贷款结构分布不合理，中长期贷款主要依靠短期资金来源支撑，一旦银根紧缩，储蓄分流加剧，商业银行就会面临流动性风险。长贷错配是指中长期应收回贷款与应支付存款之差。中国商业银行积累了大量中长期资产利率正缺口，潜藏着较大的利率风险和不良贷款风险，如果不良贷款问题不能得到有效解决，长贷错配缺口可能对中国的金融稳定造成冲击。

第二，在目前的金融生态环境下，考虑到四家国有商业银行的吸存能力、贷款规模、存款沉淀率及提前还款等因素，发生流动性风险的可能性不大。但随着中国居民储蓄逐利性动机增强、流动性增加，需要关注中小商业银行的流动性风险。

第三，由于资本市场不发达，中国的中长期资金主要由银行来配置，长期风险过度集中于银行体系。

第四，不利于形成合理的收益率曲线。不合理的收益率曲线会进一步加剧金融机构资产负债期限结构不合理的趋势。

解决商业银行存贷期限结构错配问题，应从以下几方面工作入手：一是研究抑制商业银行中长期贷款过度扩张的机制和手段，加大商业银行资产负债比例管理的监管压力。二是在商业银行的负债方面，允许其发行次级债券、一般性金融债券等长期负债工具，增加长期资金来源，提高主动负债的能力。三是在商业银行的资产方面，推动中长期贷款证券化试点，有效降低中长期贷款比例，如目前已允许国家开发银行对约100亿元的特定项目信贷资产实施证券化。四是要大力发展中长期企业债券市场和股票市场。力求在资产和负债两个方面，逐步改善商业银行的资产负债结构；在供给和需求两个方面，均衡引导金融市场向纵深方向发展，提高商业银行资产负债综合管理水平。

关于法律风险。由于目前中国金融法制建设有待加强，特别是破产法律体系不适应社会主义市场经济发展的要求，对债权人的保护力度不足，中国银行业因此承受着一定的法律风险。

关于提高抵御风险的能力。借鉴国际银行业的经验，资本充足率和风险管理能力是银行业抵御风险的基础要素。中国银行业需要进一步提高抵御风险的能力。一方面，目前中国部分银行资本充足率较低，一些商业银行距离巴塞尔资本协议8%的资本充足率要求尚有差距，风险准备金缺口仍然存在，部分银行没有随着贷款的快速增加而按规定足额提取贷款损失准备金。从国际经验看，资本充足率要求既能有效约束银行盲目扩张信贷业务，又能鼓励银行通过金融创新拓展对资本充足率要求不高的中间业务，分散经营风险。中国商业银行应树立科学的发展观，既要通过提高资产质量、盈利水平等手段从内部补充资本，又要采取引进战略投资者、上市等措施从外部渠道补充资本，以提高资本充足率，增强抵御风险的能力。另一方面，中国商业银行急需建立和完善风险定价机制和风险管理模型。特别是在以存贷款利差作为主要盈利来源的业务模式下，商业银行如果能够充分运用利率杠杆，对不同风险状况的客户进行准确定价，银行的净利差就会增大，盈利能力也会增强。对风险进行准确的识别、衡量、定价和控制，是银行业抵御风险的根本途径，也是市场经济条件下最为关键的核心竞争力。从国际经验看，金融机构要形成良好的风险定价能力，需要投入大量的资源，建立良好的风险管理政策与流程，积累充足的数据，还要经历市场波动和经济周期的矫正及检验。

四、银行业的改革与发展

2005年是中国深化金融企业改革的关键一年。需要从妥善化解风险、强化资本约束、完善公司治理、转换经营机制、改革盈利模式等方面入手，继续深化银行业改革，防范和化解银行业风险，促进银行业健康发展。

（一）加快推进国有商业银行股份制改革

在2004年改革成效的基础上，总结经验，进一步推进中行、建行和工行按照现代金融企业制度的要求继续完善公司治理，确保新体制、新机制有效运行。中行、建行和工行应围绕转变经营机制这一核心，不断完善风险管理和内部控制机制，强化资本约束；以提高资产质量为中心，防止不良资产反弹，同时，建立健全问责制，加强对不良贷款责任人的追究，有效防止新的违规经营；加快引进战略投资者，引进先进的管理机制和人才；不断加强队伍建设，提高员工素质；创造条件择机上市，发挥资本市场的约束、监督和促进作用，实现体制和机制两方面的跨越。

农行的改革涉及农村金融改革的总体规划，应与农村金融整体改革统筹考虑。

专栏8：国有商业银行上市的意义

在总结中国经济与金融体制改革经验的基础上，国有独资商业银行股份制改革试点工作采取了财务重组、处置不良资产、设立股份公司、上市等改革步骤。

上市是改革步骤中的一个重要阶段。国有商业银行在境内外上市的目的是借助资本市场的约束、监督和促进作用，加强商业银行信息披露，提高透明度和公众监督的力度，促使国有商业银行优化资本结构，完善公司治理，进一步转换经营机制，实现体制和机制两个方面的跨越，使国有商业银行成为真正的市场主体。应该说，如果没有股份制改造，没有上市的外部压力，没有战略投资者和公众投资者的监督，没有独立董事的引入，就难以形成国有商业银行内部改革压力，改革无法取得突破。

中国建设银行、中国银行已在积极筹备上市工作，目前已经引进了境内外战略投资者。引进战略投资者是上市的重要步骤，对于促进国有商业银行转换经营机制、加强内部管理、提升经营管理水平、树立资本市场良好形象具有重要影响。根据战略投资与合作协议，战略投资者将在众多领域向两行提供协助，这些领域包括公司治理、风险管理、信息技术、财务管理、人力资源管理、个人银行业务（包括信用卡）以及全球资金服务等。

交通银行是中国商业银行改制和境外公开上市的成功案例。自2004年6月14日国务院批准交通银行深化股份制改革整体方案后，交通银行进行了财务重组和引进战略投资者的工作，并成功引入香港上海汇丰银行参股，这对于交通银行境外公开上市具有重要意义。经过积极筹备，2005年6月23日，交通银行股票正式在香港联合交易所挂牌，成为第一家在境外上市的中国商业银行。交通银行股票定价为每股2.5港元，按照2005年的盈利和净资产预测，发行市盈率约为15倍，发行市净率为1.6倍，均达到了香港同类银行股发行时的平均水平，也是近年大型国企境外上市的较好水平。按67.34亿股的发行规模，交通银行本次发行共募集资金168.2亿港元，折合人民币178.63亿元。发行后，交通银行总股本将达到458.03亿股，资本充足率约为11.52%，核心资本充足率为8.88%。交通银行挂牌当日开盘上涨12%，达到每股2.8港元，收盘于2.825港元，比发行价上涨13%。

（二）进一步深化农村信用社改革试点，全面推进农村金融体制改革

深化农村信用社改革试点必须在制度、机制、管理等方面做扎实细致的工作。一是进一步规范增资扩股行为，确保增资扩股工作合法规范、股金真实有效。充分领会国家扶持政策意图，切实做好票据发行兑付工作，严格标准、严格程序、严格执行、提高效率，确保实现“花钱买机制”的改革效果。二是完善农村信用社各项内控制度，促进农村信用社转换机制，充分发挥股东、社员的作用，制定一系列激励有效、约束严格、权责明晰、奖惩分明的内控制度。三是改善金融服务，扩大支农效果。继续加大推广农户小额信用贷款的力度，进一步完善农户联保贷款办法，不断探索新的支农服务方式，为农业、农村、农民发展提供更加完善高效的金融服务。

与此同时，积极推进农村金融的整体改革，加快构建功能完善、分工合理、产权明晰、监管有力的农村金融体系。抓紧研究制定农村金融改革总体方案，结合农村信用社、农行、农发行、邮政储蓄、存款保险制度、农业保险等改革，努力构造适度竞争的农村金融市场体系、在财务上可持续发展的多层次农村金融机构体系、较完善的农村金融基础服务和监管体系。

（三）继续推进股份制商业银行的改革

进一步推动股份制商业银行的改革和发展，在采取风险防范与风险处置、

运用多种方式降低不良贷款等措施的同时，继续完善公司治理和内控制度建设，确保股份制商业银行的健康发展。

（四）防范和化解城市商业银行风险

防范和化解风险是城市商业银行未来改革发展的重要前提及保证。进一步研究论证城市商业银行风险防范和化解的方式，同时积极推进城市商业银行资本重组，对于防范和化解城市商业银行的风险，提高其市场竞争力具有重要意义。

（五）加快化解城市信用社风险

化解城市信用社的风险必须从有利于城市信用社的业务发展、节约救助成本以及维护金融稳定等方面综合考虑。对于已宣布撤销的城市信用社应尽快完成撤销清算工作，使其尽快退出市场；对于高风险城市信用社，要采取措施分类监管，运用有效方式化解风险。

（六）研究政策性银行的职能定位

随着中国经济体制改革的不断深化、市场化程度和国际化水平的提高，政策性银行经营环境已经发生变化，需要对其职能定位进行动态调整。同时，在国有商业银行实施股份制改革后，原由其承担的政策性贷款也需要重新规划。因此，需要结合中国金融业改革和发展的整体部署，对政策性银行的功能、运作模式及政策性银行的发展方向进行研究和调整。

（七）完善金融资产管理公司运行机制

目前，金融资产管理公司在不良资产剥离、管理和处置方面存在不足，健全的不良资产市场尚未完全形成。需要加快研究金融资产管理公司的改革方案，改进管理体制，完善运行机制，建立现代金融企业制度，建立健全不良资产市场，为全面推动金融体制改革服务。

证券业

中国证券业金融机构主要包括证券公司、期货经纪公司、基金管理公司、证券咨询公司以及其他证券中介机构。目前，中国证券业初具规模，市场基础设施不断改善，法律法规体系逐步健全，规范化程度进一步提高，已经成为社会主义市场经济体系和金融体系的重要组成部分。中国证券业是在探索中逐步发展起来的，发展时间短，经验不足，出现了一些问题，目前证券业处于比较困难的时期。这些问题和困难将在规范和发展中逐步加以解决。

一、证券业发展现状

（一）证券公司发展初具规模

近年来，证券公司适应新的竞争环境，努力创新，取得了一些进展。部分证券公司已经成功改制上市。据中国证监会和中国证券业协会统计，截至2004年底，证券公司131家，其中正常经营的公司120家，具有保荐业务资格的公司72家，具有客户资产管理业务资格的公司36家，证券营业部2 935家，证券从业人数7.87万人。除新开业或整顿的17家公司外，其余114家证券公司总资产3 293亿元，负债总额2 625亿元，净资产669亿元，净资本453亿元，自营证券市值约为472亿元，受托资金301亿元。

从证券公司业务结构看，经纪业务仍是最重要的收入来源，2004年，A股经纪业务收入占证券公司总收入的86.93%；承销业务的重要性逐步上升；自营业务及资产管理业务所占比重则逐年下降；但财务顾问等创新业务所占的比例较小，业务范围还有待开拓（图4－3）。

因证券市场近年来持续低迷，证券公司经营业绩出现下滑。据中国证券业协会统计，2004年，114家证券公司累计营业收入169亿元，累计营业支出293亿元，累计亏损167亿元，其中，45家证券公司累计盈利12亿元，69家证券公司累计亏损179亿元。

（二）证券业创新试点活动正在开展

2004年以来，证券监管机构出台了一系列政策，鼓励符合条件的优质证券公司在规定的范围内根据市场需要和自身实际情况进行业务创新、经营方式创新和组织创新。截至2005年5月12日，创新试点类证券公司已有12家。

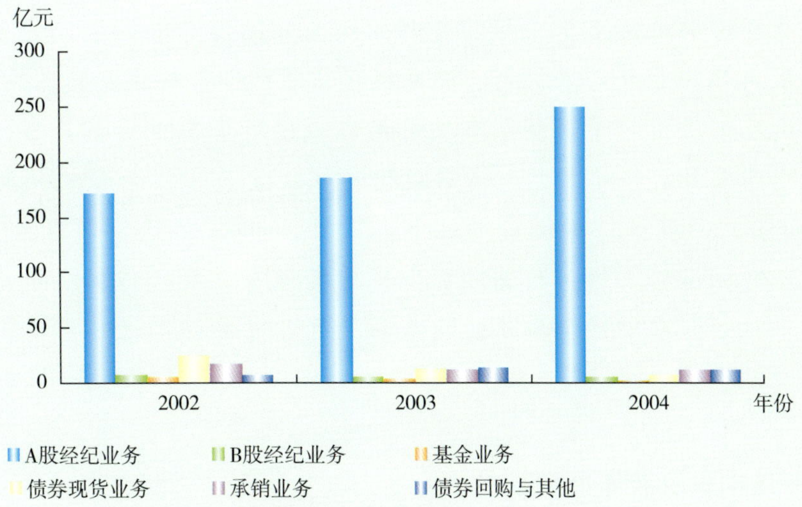

图 4－3　2002～2004 年证券公司收入结构

数据来源：中国证券业协会。

证券公司创新试点活动的正式启动，对中国证券业发展具有重要作用。首先，创新试点活动有力地推动了证券公司的产品创新、组织创新和业务创新，改善业务结构，增强盈利能力和抗风险能力。其次，创新试点活动将产生一批综合实力强劲、具有国际竞争力的优质证券公司，有效地提升证券业的整体竞争实力。最后，创新试点活动通过市场化手段和途径形成证券业优胜劣汰的市场竞争格局，将使证券业迎来规模化竞争的时代。

专栏 9：证券公司上市的意义

中信证券有限责任公司成立于 1995 年 10 月 25 日，1999 年 12 月 29 日增资改制成为中信证券股份有限公司（简称中信证券）。

2002 年 12 月 13 日，中信证券正式公布招股说明书，发行 4 亿股新股。新股发行后，中信证券的总股本达到 24.8 亿股，净资产达到 50 亿元以上。中信证券成为国内第一家公开发行上市的证券公司。成功上市后，中信证券公司治理更加完善，运作更为规范，信息披露更为及时、透明。目前，中信证券是国内证券业中净资产和净资本最大的公司，第一批取得了创新试点资格。中信证券在收购扩张、开展境外业务、开拓创新业务方面进行了有益的探索，并积极参与高风险证券公司的市场化处置。

证券公司的改制上市，对改善财务状况和优化资本结构、完善公司治理、加强内外部监督约束机制、提高经营管理水平具有重要的意义。此外，证券公司改制上市对于调整上市公司构成和稳定资本市场也具有一定的意义。在中国1 300多家上市公司中，就公司数量而言，金融机构所占的比例不到1%，而证券机构所占的比例就更小。但在世界各国证券市场上，金融股占有相当的比例，对稳定资本市场发挥着重要的作用。中信证券的发行上市对于探索中国证券业的改革模式有着重要的示范作用。

（三）机构投资者不断发展壮大

2004年，机构投资者继续保持高速发展态势，机构规模加速扩大，证券市场早期以散户和短期资金为主的状况正在改变。机构投资者的发展壮大，正逐步引导市场向价值型投资转变。据中国证监会统计，截至2004年底，基金管理公司43家，其中11家为中外合资公司，证券投资基金161只，基金总规模3 334亿份，基金净值3 238亿元，占沪深两市流通市值的比例为28%，持股市值占流通市值的比重为13%。2004年，54只证券投资基金完成募集，总募集规模1 854亿元，超过了前5年的总和。QFII加快了进入国内股市的步伐，2004年底总数达到27家，资产规模为37亿美元。此外，社会保障基金、保险基金和企业年金纷纷加快了入市步伐。商业银行直接设立基金管理公司开始启动，工银瑞信基金管理公司和交银施罗德基金管理公司已分别于2005年6月和8月成立。

（四）期货经纪公司成为推动期货市场发展的重要力量

近年来，期货经纪公司不断发展壮大，全面推行保证金封闭管理，运作较为规范，已经成为推动期货市场发展的重要力量。据中国证监会统计，截至2004年底，期货经纪公司187家，营业部339个。期货经营机构资产总额218.88亿元，净资产73.87亿元，客户保证金余额133.2亿元，分别比2003年增加11.2%、2.2%和14.3%。2004年期货公司手续费净收入14.82亿元，利润1.11亿元。

（五）证券投资咨询机构成为证券市场的一个组成部分

据中国证监会统计，截至2004年底，证券投资咨询机构共有111家，具有证券投资咨询执业资格的人员约3 000多人。证券投资咨询机构已成为中国证券市场的一个组成部分。

从各类证券机构发展情况看，基金管理公司等机构投资者、期货经纪公司和证券投资咨询公司等机构目前运作基本正常，证券公司处于比较困难的阶段，其改革与发展值得关注。以下将围绕证券公司探讨中国证券业的改革和发展。

二、证券业发展需要重点关注的方面

国际证监会组织（IOSCO）制定的相关准则提出，对证券业金融机构的市场风险、信用风险、流动性风险、经营风险、法律风险和系统性风险，应予以重视和加强管理。

受近年来国内证券市场行情下跌影响，证券公司的问题得到较为充分的暴露，主要是一些证券公司出现违法违规现象，部分证券公司亏损严重，对证券市场和金融体系稳定造成一定的负面影响。由于有关部门采取了有力的措施对证券公司进行综合治理，证券公司风险已得到有效遏制。证券公司的资产规模较小，没有引发金融体系的系统性风险，但造成证券公司风险的原因应引起高度关注。

一是部分证券公司治理结构尚未完善，风险管理能力和内部控制机制有待提高。另外，除少数已经上市的证券公司外，目前对证券公司没有外部审计和强制性信息披露要求，难以准确、及时地把握证券公司的经营状况。

二是证券公司盈利模式单一，卖方业务发展滞后，创新发展的环境缺乏。在成熟证券市场上，证券公司（或投资银行）一般被称做卖方（Sell Side），是证券产品销售的主渠道，基金、保险资金、社会保障基金、企业年金等机构投资者被称做买方（Buy Side）。证券公司的主要业务是创造和销售证券产品获取收益，并承担销售风险，即所谓的卖方业务，如批股式发行、做市商交易等。而买方业务主要是利用自有资金或者客户委托资金买卖证券获取投资收益，并承担投资风险，如资产管理、自营业务等。中国证券公司盈利模式单一，买方业务发展迅速而卖方业务相对缺乏，因此抗风险能力较弱。而目前国内的制度环境使证券公司难以进行业务创新，无法建立起以卖方业务为核心的盈利模式。

三是客户交易结算资金存管、国债回购、委托理财等制度设计还不完善，为证券公司违规经营提供了可能性。首先，客户交易结算资金实行多级存管制度，证券公司以自身名义将客户交易结算资金转存商业银行，为证券公司挪用客户交易结算资金或将客户交易结算资金质押融资、对外担保等违法违规行为提供了空间。其次，国债回购制度设计存在漏洞，同一证券公司同一席位上托管的国债归属不清，给证券公司挪用客户国债和循环做回购业务提供了机会。

再次，证券公司在账户管理、交易流程、报告制度、防止利益输送等方面缺乏基本的监管和规范措施，委托方难以对证券公司的委托理财业务进行监控，委托理财业务的风险控制缺乏制度保障。在股价持续下跌情况下，证券公司的部分委托理财资金被深度套牢，低价抛售则可能出现亏损和财务风险。

四是证券业的法制建设和监管力度有待进一步加强。需要完善证券法律体系和执法机制，及时有效地制止证券公司的违法违规行为，及时处置已形成风险的证券公司。同时，加大处罚力度，形成足够的威慑力，预防证券公司违法违规行为的发生。

三、证券业的改革与发展

根据《国务院关于推进资本市场改革开放和稳定发展的若干意见》，证券公司改革与发展的总体方向是要把证券公司建设成为具有竞争力的现代金融企业。为此，应从加强监管、妥善处置风险、完善制度建设、建立良好的信息披露制度、创造发展环境、加强对外开放等几个方面多管齐下，改革和发展证券公司，以防为主，防治结合，在今后的两年时间内，基本化解现有风险，有效防范新的风险，为证券业规范、持续、稳定发展奠定基础。

（一）继续加强风险监测和监管

继续加强对证券公司的风险监测和监管，采取有力措施，保障投资者权益，恢复市场信心。一是全面实行分类监管，形成有效的日常监管体制。二是加强对证券公司高管人员和股东的监管，规范高管人员和股东的行为。三是完善证券公司自营业务的内外部监控机制。四是推动证券公司实行客户证券交易结算资金第三方存管制度，建立起有效的客户证券交易结算资金封闭运行管理体系。

（二）妥善处置风险

尽快完成证券投资者保护基金的建立工作，探索建立新的风险处置模式，形成市场化的优胜劣汰机制，妥善处置证券公司现有风险。在投入部分政府资源化解风险的同时，以市场化的方式处理不良资产和负债，推出和完善市场化的风险消化机制。

（三）进一步加强证券公司重组工作，促进优秀的证券公司做强做大

2005 年以来，中国人民银行会同证监会、财政部等部门，正在组织对部分大型证券公司进行重组，采取有效措施，积极鼓励和扶持中国优秀的证券公司

做强做大。目前这方面的工作已取得显著成果。银河证券、申银万国、国泰君安、华夏证券等大型证券公司的重组方案正在全面实施中。今后需要进一步加大证券公司整合和重组的力度，支持优质证券公司的发展，发挥行业骨干的示范作用，引导全行业转换经营机制，改善经营模式，促进民族证券业成长、壮大。

（四）完善制度建设

一是进一步建立客户证券交易结算资金的第三方存管制度，健全国债回购制度，规范委托理财业务风险控制机制，从制度上杜绝证券公司的违法违规经营行为。二是加强证券业的法制建设。可考虑将实际控制人掏空证券公司和证券公司侵占客户资产等行为明确为犯罪行为，对严重违法违规、严重失信的公司和个人，规定市场禁入的处罚措施，从而加大处罚力度，形成足够的威慑力。三是完善证券执法机制，充实证券监管手段，提高证券执法的效率。

专栏10：客户证券交易结算资金第三方存管制度

客户证券交易结算资金，俗称保证金，是指客户为保证在证券交易活动中能有足额的资金用于结算而在规定机构存放的资金。

按照存放机构不同，客户证券交易结算资金存管主要有证券公司主导型、银行主导型和登记结算公司主导型等几种模式。后两种模式将证券公司自有资金与客户资金独立开来，所以又统称为独立存管制度。对于银行主导型存管制度，由于银行是相对于证券公司和客户的第三方当事人，因此，这种制度又被称为客户证券交易结算资金第三方存管制度（简称第三方存管制度）。

目前，中国主要实行的是证券公司主导型的存管制度。在这种制度安排下，客户证券交易结算资金容易被证券公司挪用，在制度上存在较大的风险隐患。为了避免证券公司挪用客户证券交易结算资金，从制度上保障客户证券交易结算资金的安全，有效地防范和化解系统性风险，更好地保护投资者权益，必须尽快推行第三方存管制度。第三方存管制度能确保客户证券交易结算资金与证券公司自有资金相分离，杜绝证券公司挪用客户资金的行为，是防范化解证券市场风险的重大制度创新。

2004年1月，中国人民银行会同中国证监会提出了建立客户证券交易结算资金实行第三方存管制度的意见，结合对南方证券、闽发证券等多家证券公司的风险处置，启动了客户证券交易结算资金第三方存管的试点工作，并已取得实质性成效。目前，中国人民银行正在积极会同有关部门推行第三方存管制度。

（五）实行规范和强制的信息披露制度

对证券公司实行规范和强制的信息披露制度，建立动态信息查询制度，适当增加信息披露的内容和范围，实现由事后知晓、事后监管向事前、事中动态知晓和监管的转变。

（六）营造良好的发展空间，推动证券公司的业务创新

借鉴国际成熟经验，为证券公司健康发展营造良好的经营环境和发展空间。创造条件，建立以卖方业务为核心的盈利模式，鼓励证券公司创新，进一步开发证券公司发行的备兑权证等新的产品，推动并购重组财务顾问等新业务的发展，拓宽证券公司的收入来源；积极稳妥地推进证券公司开发境外业务；进一步拓宽证券公司融资渠道，在2005年国泰君安等四家证券公司获准发行短期融资券的基础上，继续促进证券公司短期融资券的发行和管理。

（七）扩大对外开放

推进和加强证券业对外开放，积极引进境外战略投资者，吸引外资参与风险处置，借鉴先进管理经验，促进证券公司完善公司治理。

保险业

中国保险业金融机构主要包括财产保险公司、人身保险公司、再保险公司、保险中介公司等机构。保险机构稳健经营及维持较强的偿付能力，是保险业稳定发展的前提，也是维护金融稳定的重要内容之一。近年来，中国保险业的改革开放取得了突出成绩，保险机构盈利能力增强，管理和运作日趋规范。但从总体上看，中国保险业尚处于发展的初期阶段，发展潜力有待开发。中国保险业将加快改革开放步伐，努力实现全面、协调和可持续发展。

一、保险业发展现状

改革开放以来，中国保险业以改革为动力，产品结构调整为主线，市场体系建设为基础，坚持防范和化解风险，在各方面都取得了突出成绩。主要表现在：

一是保险业务持续发展，市场规模迅速扩大。自 1980 年恢复国内保险业务以来，中国保险业年均增长速度保持在 30% 以上，是国民经济中发展最快的行业之一。截至 2004 年底，全国保险公司资产总额已突破 1.1 万亿元，保险业呈现出蓬勃发展的良好局面。

二是经营主体不断增加，市场体系进一步健全。保险公司向专业化、多元化方向发展，多种保险机构并存、中外资保险公司竞争的保险市场体系初步形成。2004 年，新批准设立了 3 家农业保险公司、5 家健康保险公司。

三是体制改革不断深入。目前在保险市场中占有较大份额的国有保险公司重组改制已基本完成，股份制改革成果得到巩固。继中国人民财产保险股份有限公司（简称中国人保）、中国人寿保险股份有限公司（简称中国人寿）在境外成功上市后，中国平安保险（集团）股份有限公司（简称平安保险）也以集团形式在香港上市，保险公司管理体制改革取得重大突破。

四是保险业的产品结构调整初见成效，市场定价机制逐步形成。2004 年，寿险产品结构得到改善，各公司更加重视发展期缴业务，期缴业务增长较快，个险业务基本上以期缴为主；银行保险产品逐步转型；风险保障型产品发展加快；业务品质得到提升；寿险公司的内含价值明显增加，增强了可持续发展能力。产险市场集中度有较大幅度下降，资金运用的投资结构有所改善。同时，通过条款费率管理制度的改革，逐步形成了保险产品的市场定价机制。

五是保险业全面对外开放。根据中国加入世贸组织的承诺，2004 年 12 月 11 日，中国保监会允许外资寿险公司开办健康险、团体险和养老金/年金业务，取消了对设立外资保险机构的地域限制，将设立合资保险经纪公司的外资股占比放宽至51%。保险市场对外开放进程加快，国际交流与合作不断加强，中国保险业进入全面开放时期。外资保险公司的引进和中资保险公司的境外融资取得重大进展，大大缩短了中国保险业与国际保险业的差距。

专栏11：保险公司上市的意义

2003年11月6日，中国人保在香港正式挂牌上市，拉开了内地保险业进军境外资本市场的序幕。中国人寿紧接其后于同年12月17日、18日在纽约和香港成功上市。2004年6月24日，平安保险在香港上市。三家保险公司通过境外上市共募集资金折合人民币约487亿元，这标志着中国保险业全方位、深层次的国际化竞争与协作的时代已经到来，其重大意义体现在以下几方面。

一是提高上市保险公司经营活动的透明度，推进国有保险公司的体制改革。境外上市使保险公司的股权结构得到优化，偿付能力得到增强，为完善保险公司的治理结构奠定了良好基础。同时，在境外上市的保险公司处于一个实行高度透明监管的环境中，任何不符合国际市场认可的行为都会影响其股价和国际投资者的信心，因此其必须加强管理，完成保险公司的真正变革，保持利润稳定增长，保持企业的稳健经营。

二是提升上市保险公司的承保能力、竞争力和投资实力，促进保险公司占领部分国际保险市场。上市保险公司多元化的资本供给机制既可在极短时间内迅速增强资本实力，提高偿付能力，吸引更多的国外和潜在投资者的关注，提升国际知名度和国际竞争力，便于其到境外市场拓展保险业务，占领部分国际保险市场份额，又可将保险市场的经营风险分散到资本市场、商品市场乃至整个市场体系中去，为保险业的稳健经营和可持续发展奠定基础。

三是改善中国保险市场的产品与服务质量，带动整个保险业经营管理水平的提升。在境外上市，国际资本市场和投资者将采用国际标准评价中国人保、中国人寿和平安保险公司，因此取得良好业绩的压力必将促使其将单纯的费率竞争转型为产品与服务的竞争，使其产品的设计和服务更加适应投保人的需要，并由此促进三家公司经营水平的提高，推动其向集约化、专业化转变。在这三家公司的带动下，中国整个保险业的经营与管理水平将得到提升。

四是为大型国有金融企业股份制改造和上市工作积累了宝贵的经验。

2004 年，中国保险业发展呈现出以下特点。

一是保险业发展速度趋缓。2004 年全国保费收入为 4 313.32 亿元，增幅比 2003 年下降 15.84 个百分点（图 4－4）；保险公司总资产 11 853.6 亿元，比年初增加 2 730.7 亿元，但增幅比 2003 年下降 17.54 个百分点。

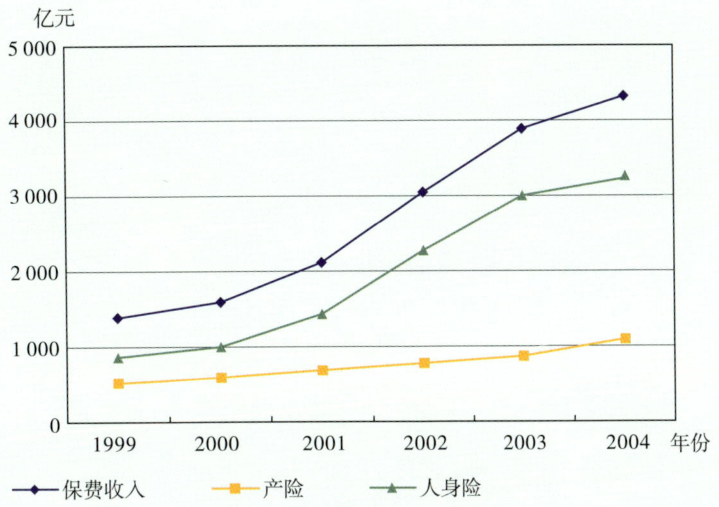

图 4－4　中国保险业保费收入情况

数据来源：2005 年中国保险国际论坛。

二是财产险市场发展较快，2004 年保费收入为 1 111.81 亿元，同比增长 24.55%；寿险市场平稳增长，保费收入 3 201.51 亿元，同比增长 7.19%；保险中介市场持续稳定发展，通过中介收取的保费收入 2 902.7 亿元，占总保费收入的 67.2%。

三是保险业功能得到进一步发挥。在经济补偿方面，保险业赔款与给付支出出现递增趋势。2004 年，保险业赔款与给付共支出 1 014.40 亿元，同比增长 19.4%（图 4－5）。在资金运用方面，保险资金运用余额为 10 703.78 亿元，其中持有国债 2 651.7 亿元、金融债 1 156.8 亿元、银行存款 4 968.4 亿元、证券投资基金 673.16 亿元。在社会管理方面，2004 年，中国保险业从业人员积极宣传保险知识，增强整个社会的风险意识，保险业的社会管理功能进一步发挥。

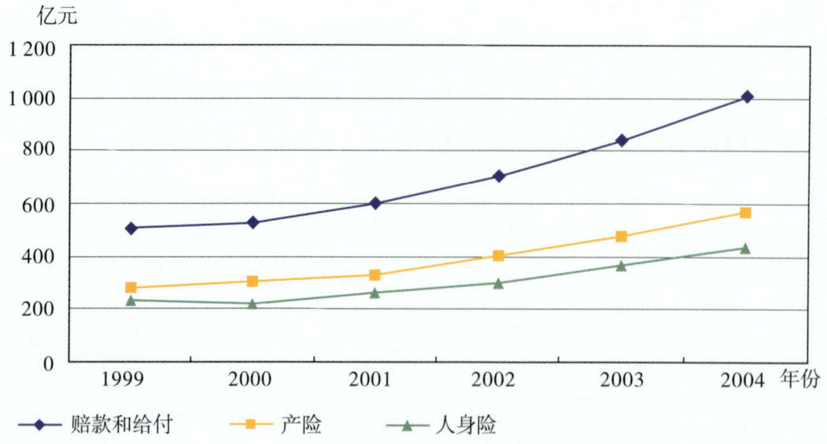

图 4-5 中国保险业赔款和给付情况

数据来源：2005 年中国保险国际论坛。

二、保险业发展需要关注的方面

根据国际保险监督官协会《保险监管核心原则和方法》，保险机构面临的风险主要有承保风险、与准备金估值有关的风险、市场风险（包括利率风险）、经营风险、法律风险及机构和集团风险（包括传递性风险、关联风险和集团其他实体带来的风险等）、信用风险等。结合中国保险业发展的现状，目前中国保险业发展过程中应主要关注以下两个方面。

一是中国保险业规模仍然较小，发展潜力尚待开发。目前中国保险业关键指标低于世界平均水平，保源转化率（现实保费/潜在保源）低。2004 年，中国保险深度（全国保费收入占 GDP 的比例）为 3.4%，保险密度（人均保费收入）为 332 元，保险公司总资产占 GDP 的比例为 8.68%（图 4-6）。2003 年世界平均保险深度 8.06%，平均保险密度是 469.6 美元。中国家庭财产保险投保率为 5% 左右，公众责任保险的投保率不到 10%，即使作为产险业主要险种的机动车辆保险，投保率也只有 30% 左右，而在发达国家，这些险种的投保率一般在 80% 以上。此外，中国保险业的发展在区域上也不平衡，东部发达地区保费收入无论是人均还是总量都远远超过中西部地区。

二是中国保险业需重点防范利率、资产与负债匹配、资金运用等风险。20 世纪 90 年代中后期，中国利率水平较高，人寿保险公司在开展业务中对客户承诺了较高回报率。随着利率水平的下降，保险公司利差损问题更加突出。同时，中国一些寿险公司在产品定价时，没有全面考虑资产负债的期限、利率和

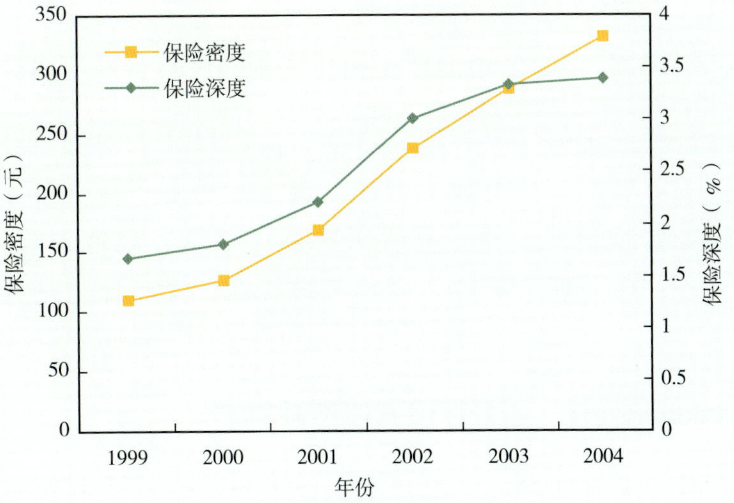

图 4－6　中国保险深度和保险密度

数据来源：2005 年中国保险国际论坛。

币种匹配问题，中长期资产与负债的匹配程度较低。此外，近年来保险公司在资金运用中也出现了一定的风险，具体表现在保险公司的部分银行存款存在风险较大的中小银行，投资于证券市场的资金受证券市场持续低迷、部分证券公司风险暴露的影响损失较大。

三、保险业的改革与发展

中国保险业应把科学发展观切实贯穿于保险业发展的整个过程和各个方面，加快改革和发展步伐，坚持全面、协调、可持续发展。

（一）建立动态、系统性的监管模式

当前，保险监管机构以防范保险业系统风险为重点，积极构筑保险业风险防范的五道防线，即坚持以公司内控为基础，以偿付能力监管为核心，以现场检查为重要手段，以资金运用监管为关键环节，以保险保障基金为屏障。在制度上，尽快制定保险公司治理监管指引、保险公司交易对手规则等，进一步完善保险资金运用风险控制、保险保障基金管理制度，健全资信评估体系。同时，强化信息披露，提高监管信息和保险公司经营、财务信息的透明度，使社会公众更多地了解保险业风险状况。在方法上，借鉴国外先进经验，加紧建立保险业风险预警体系和非现场检查系统，对保险业风险进行测算，以更好地预

测未来风险变动趋势，切实降低行业风险。

（二）完善保险公司的公司治理，构建完善的风险管理与内控体系

注重引入国际先进的风险管理技术和方法，提升风险管理水平。在产品研发、营销、业务管理、偿付能力管理、资金运用管理等各环节，逐步推行全面集中的风险管理模式。通过完善风险核保机制，规范保险理赔的程序，加强代理人管理，改革佣金制度，完善考核指标，提高保险公司的业务经营水平。

（三）加强诚信建设，培育保险诚信意识

一是培育保险诚信意识，广泛开展诚信教育。二是研究制定行业服务标准，推行保单标准化，规范保险营销行为。三是强化失信惩戒机制，依法查处各类不诚信行为，加大失信成本。四是加强社会监督，建立保险营销员信用信息查询系统。

（四）加快产品结构调整，鼓励保险产品创新

鼓励保险公司对现有产品结构进行调整，注重发展保障型保险产品，大力发展养老和健康保险，完善企业职工基本养老保险制度，健全失业保险制度，扩大基本医疗保险覆盖面，积极发展商业养老、医疗保险，使保障型保险产品与适合中高收入群体的投资型保险产品协调发展。

（五）完善保险业的配套政策

一是加快保险规章的修订和完善，改善保险公司营运环境。二是完善税收政策，促进保险业各险种的协调发展。三是消除保险公司资金运用的制度性障碍，拓宽保险资金运用渠道，增强保险公司风险控制及投资盈利能力。

专栏 12：规范发展交叉性金融业务

交叉性金融业务是指一项金融业务跨货币市场、资本市场、保险市场等至少两个以上金融市场或跨银行、证券、保险、信托等至少两个以上金融行业。在中国金融业分业经营、分业监管的基本体制下，随着中国金融业的改革发展和对外开放程度的不断提高，银行、证券、保险、信托等金融行业间的业务相互渗透，交叉性金融业务得到了较快的发展。

交叉性金融业务的现状

当前，中国金融机构开展的交叉性金融业务可以分为以下两大类：

第一类是跨市场的交叉性金融业务，即一项金融业务同时跨多个金融市场。当前典型的跨市场交叉性金融业务包括证券公司开展的国债回购业务、股票质押贷款业务；商业银行开展的外汇结构性存款业务和资产证券化业务。2005 年 3 月，中国人民银行会同财政部、银监会发布了《信贷资产证券化试点管理办法》，批准部分商业银行开展信贷资产证券化和住房抵押贷款证券化试点。

第二类是跨行业的交叉性金融业务。包括三种形式：一是一项金融业务由不同行业金融机构相互合作开展。如商业银行与证券公司合作，开展银证转账等合作业务；商业银行和保险公司合作，商业银行代理保险销售并获取中间业务收入等合作业务。二是一项金融业务由传统上不属于该项业务所处行业的某一金融机构开展。在这类业务中，最有代表性的是商业银行开展投资银行业务。一些商业银行初步建立了以企业资信服务、企业理财咨询、重组并购顾问、结构化融资顾问、银团承销安排管理、间接银团、资产证券化等业务为主体的业务体系。三是一项金融业务由不同行业金融机构共同开展。企业年金的管理与投资业务是一个典型。2004 年 4 月，劳动和社会保障部、银监会、证监会、保监会联合发布了《企业年金基金管理试行办法》，规定符合条件的商业银行、证券公司、基金公司、信托投资公司、保险公司都可以参与企业年金的管理与投资业务。

人民币委托理财业务是当前跨行业交叉性金融业务中最活跃的业务类型。商业银行开展的人民币委托理财业务、证券公司开展的客户资产管理业务、保险公司开展的投资连接保险和万能保险、信托投资公司开展的资金集合信托业务，虽然名称不同，但在权利义务关系、资金管理方式、投资者的收益和风险承担方面都存在基本共性。

除银行、证券、保险、信托等金融机构从事交叉性金融业务外，中国金融业还出现了一些商业银行、证券公司、保险公司、信托投资公司控股其他金融机构以及实业企业控股金融机构的情况，主要表现为以下形式：一是商业银行控股其他金融机构。2005 年 2 月，中国人民银行会同银监会、证监会联合发布了《商业银行设立基金管理公司办法》，并批准部分商业银行开展试点；二是信托投资公司、保险公司等非银行金融机构控股其他金融机构；三是实业企业控股金融机构。

交叉性金融业务需要关注的问题

由于交叉性金融业务跨多个金融行业和多个金融市场，运用超出传统银行业、证券业和保险业特点的复杂金融产品，因此可能蕴涵着跨行业、跨市场金融风险。跨行业、跨市场金融风险对金融体系的危害不仅体现在其风险特征的复杂性方面，更为重要的是风险在各金融市场、各金融行业之间快速转移、传播和扩散。因此，如果对跨行业、跨市场金融风险防范不力，可能会对整个金融体系产生灾难性打击。

当前，应当加强中国金融业防范和化解跨行业、跨市场金融风险的能力，一方面，金融机构应当建立有效的风险防范和内控机制；另一方面，特别重要的是，中央银行、监管机构和其他政府部门之间应当协调对交叉性金融业务的监管政策和手段，加强信息共享，建立对跨行业、跨市场金融风险监管的协调机制，建设跨行业、跨市场金融风险的预警和化解系统。

交叉性金融业务的发展

从世界范围看，自 20 世纪 80 年代以来，金融业的传统分工界限逐渐模糊，以金融业务的交叉和融合为主要表现形式的金融自由化成为世界金融发展的主潮流。在这一大趋势下，中国金融机构也在尝试进行金融业务创新，以增强自身的持续发展能力。交叉性金融业务作为金融业务的创新，能够满足客户的多元化和个性化需求，降低金融机构的经营成本，提升金融机构的国际竞争力，为中国金融业的发展注入了新的活力。发展交叉性金融业务，应当结合中国经济、金融发展现状，在有效防范和化解跨行业、跨市场金融风险的前提下稳妥有序、逐步实施，以确保其健康发展。

第五部分

金融基础设施、金融生态环境与金融稳定

金融基础设施是指金融运行的硬件设施和制度安排，主要包括支付清算体系、法律法规、公司治理、会计标准、征信体系、反洗钱体系，以及由审慎金融监管、中央银行最后贷款人职能、投资者保护制度构成的金融安全网等。金融生态环境从狭义上讲，是指金融基础设施及其运行状况；从广义上讲，是指金融体系运行的外部环境，是影响金融体系生存发展的各种因素的总和，包括经济、政治、文化、地理、人口等一切与金融运行相关的方面。完善的金融基础设施和金融生态环境是维护金融稳定的基本条件和重要保障。

近年来，中国不断深化金融改革，金融基础设施建设取得较大进展。中国支付系统已形成以现代化支付系统为核心，以商业银行行内资金清算系统为基础，同城票据交换所和清算系统以及外币清算系统、银行卡支付系统并存的格局，同时，支付结算体系引入了实时全额结算机制和债券交易的付款交割机制；金融法制建设步伐加快，司法环境改善，金融执法力度加强，促进了金融法治环境的进一步好转；金融机构公司治理不断完善；上市金融机构的会计标准逐步与国际标准接轨；债权人权利得到法律确认和保护，中国企业和个人征信试点工作已经起步；反洗钱法律制度和工作机制初步建立，反洗钱监管工作得到加强；审慎金融监管进一步加强，银行业、证券业和保险业的投资者保护制度正在建立或完善。

中国政府高度重视金融基础设施建设，将加快支付结算体系现代化建设，加强金融法制建设，进一步完善公司治理机制，提高会计标准，建立健全征信体系，加大反洗钱力度，深化反洗钱国际合作，改进审慎监管制度，完善中央银行最后贷款人职能，加快建立和完善银行业、证券业和保险业的投资者保护制度，探索建立金融监管协调机制。

中国政府将进一步改善金融生态环境，积极维护金融稳定。金融生态环境既受市场主体运作规范程度的影响，又在相当程度上取决于全社会对金融稳定的关注、重视程度和理解、支持力度。金融生态环境对金融稳定的重要性正日益得到全社会的认知。下一步需要继续加大金融执法力度，提升公司治理理念，严格按照有关会计标准披露信息，加强投资者金融知识和风险意识教育，培育公众的信用意识，培养诚实、守信的信用文化，提升金融监管理念，强化金融监管。

支付体系

支付体系是金融体系的核心基础设施。安全高效的支付体系对于疏通货币政策传导、密切各金融市场间有机联系、加速社会资金周转、提高资源配置效率、防范金融风险、推动金融工具创新、改善金融服务以及维护公众对货币的信心具有重要意义。

一、支付体系与金融稳定

中国的支付体系主要由支付服务组织、支付工具、支付系统和支付结算管理四部分组成。支付服务组织是提供支付工具和支付系统以及与其相关的服务组织，其服务水平决定着整个社会金融服务的质量。支付工具是实现资金转移、债权债务清偿的载体，有效的支付工具有利于减少现金流通、降低交易成本、抑制腐败和逃税漏税、规范金融秩序、改善社会信用。支付系统是支撑各种支付工具的应用和资金运行的“高速公路”，其运行质量对整个金融体系的安全和效率具有举足轻重的影响。支付结算管理是为维护支付结算秩序、防范和化解支付风险而综合运用经济、法律和行政手段对支付服务组织及其支付业务活动实施监督控制的行为，其职能的履行是支付体系正常运行的重要保障。但是，因支付服务组织操作不当或系统自身不完善，有可能引发信用风险和流动性风险，甚至产生系统风险。为保持金融体系的稳健性，有必要加强支付体系建设工作，构建安全高效的支付体系。

《中国人民银行法》确立了中国人民银行作为支付体系的组织者、管理者、监督者的法律地位，赋予中国人民银行维护支付、清算系统稳定运行的职责。中国人民银行通过健全法规制度、完善政策环境、鼓励支付业务创新、规范市场秩序、增强风险防范能力等引导和推动支付结算体系发展，促进有序竞争，降低风险，维护金融稳定。

二、支付体系的现状

（一）支付服务组织

随着经济金融的发展和社会分工的细化，中国已形成了支付服务组织多元化发展的格局。中国人民银行是中国核心支付系统——中国现代化支付系统的所有者和运行者。政策性银行、国有商业银行、股份制商业银行、城市商业银行、城乡信用社、外资银行等银行业金融机构，直接面向客户提供支付结算服务，是支付服务组织的主体。随着金融改革不断深化，非金融类机构在支付服务市场中的作用日渐增强，成为支付服务市场的重要补充。

（二）支付工具

目前，中国已形成以票据和银行卡为主体，以电子支付为发展方向的多样化的非现金支付工具体系，其中包括社会使用广泛的汇兑、定期借记和贷记、委托收款等多种支付方式。

票据包括汇票、本票和支票，汇票又分为银行汇票和商业汇票 。其中，支票和银行汇票最为普遍，主要在同城和异地使用；银行承兑汇票的使用增长很快，商业承兑汇票和银行本票相对使用较少。近年来，票据业务的发展呈现出以下特点：一是票据业务主体不再仅限于国有金融机构和大型企业，中小银行和中小企业也逐步参与票据市场；二是创新性票据品种不断出现，如买方付息票据贴现业务、部分放弃追索权票据贴现业务等；三是票据市场中介模式初步形成，出现了专门从事票据买卖和咨询服务的票据中介机构；四是票据市场成为金融市场中成长最快的市场之一，在资金配置、流动性管理、分散风险、货币政策传导及缓解中小企业融资难等方面的重要性日益提高。

银行卡是目前中国个人使用最多的非现金支付工具，包括借记卡、准贷记卡和信用卡，其中准贷记卡是中国的特色卡种。近年来银行卡业务发展很快，发卡总量8亿多张；联网通用目标基本实现，用卡环境明显改善，持卡消费初具规模；银行卡支付功能不断完善，市场分工逐步细化，由发卡机构、收单机构、信息交换组织、专业化服务机构、相关产品和技术供应商等多元主体构成的产业链初步形成；银行卡支付网络逐步参与全球支付清算体系。中国已成为全球银行卡发展潜力最大的国家。

（三）支付系统

目前，中国支付系统已形成以现代化支付系统为核心，以商业银行行内系统为基础，同城票据交换所和清算系统以及外币清算系统、银行卡支付系统并存的格局。

现代化支付系统。现代化支付系统是中国人民银行为各金融机构和货币市场提供的公共支付平台，系统结构包括两级处理中心和支付系统骨干网。两级处理中心分别是国家处理中心（NPC）以及包括31个省会（直辖市、首府）城市和深圳市在内的32个城市处理中心（CCPC）（图5－1）。中国现代化支

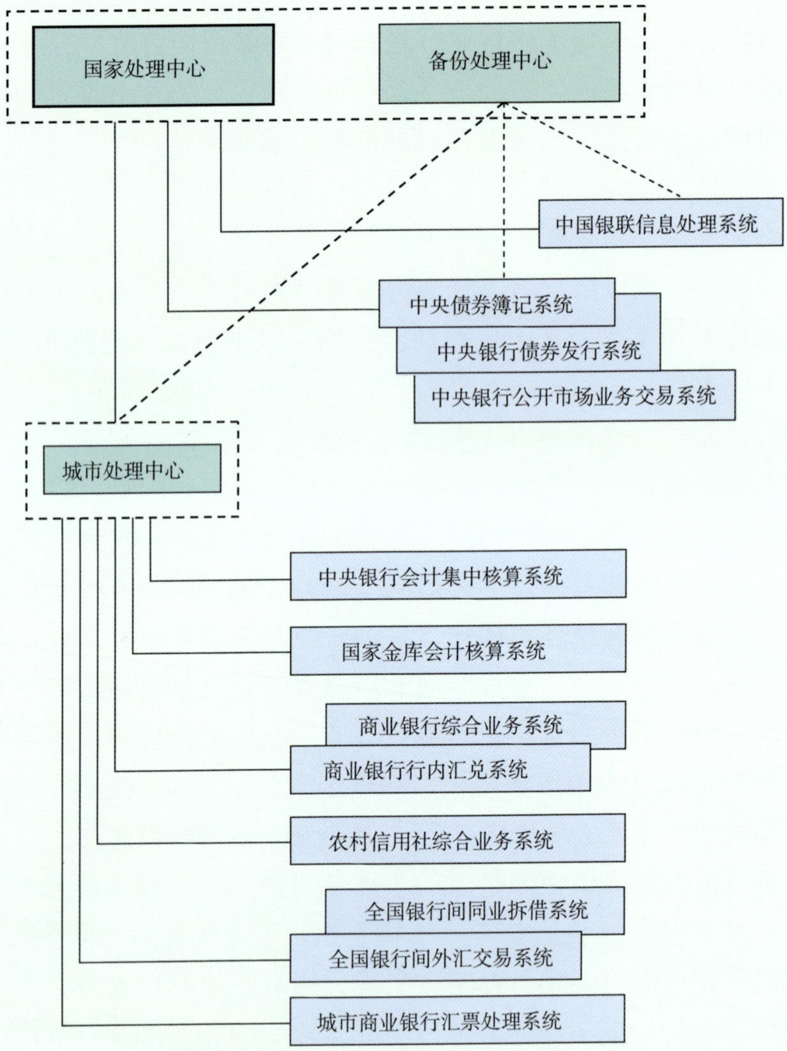

图5-1　中国现代化支付系统结构图

付系统是一个实时全额结算和延迟净额结算并存的重要的核心系统，其中大额支付系统是一个实时全额结算系统，主要为各种大额贷记及紧急的小额贷记支付业务提供高效快捷的服务。小额支付系统是一个延迟净额结算系统，主要为跨行之间纸质凭证截留的借记业务及各种小额贷记支付业务提供低成本、大业务量的服务。两个系统在逻辑上互相独立，在物理上充分实现资源共享。目前，大额支付系统已在全国推广完毕，各政策性银行、中外资商业银行和绝大部分农村信用社都已接入大额支付系统，系统的直接参与者1 500多家，接入的银行业分支机构达6万多个。平均每天处理支付业务45万多笔，金额达7 000亿元，每笔业务1分钟内实时到账，且运行稳定，业务处理无误。小额支付系统即将试点，预计2006年6月底前完成在全国的推广应用。

为保证支付系统的安全和稳定，中国现代化支付系统在设计上充分考虑了国际清算银行《重要支付系统核心原则》的要求，引入国际公认的先进的支付结算方法和技术。一是建立了完善的风险控制机制。为防范流动性风险，支付系统采用了大额支付实时清算和批量支付净额清算，不足支付排队处理。为防范清算风险，设置清算窗口时间。在清算窗口关闭前，对仍在排队的大额支付实行退回，对不能清算的净额和日间透支提供高额罚息贷款。为防范信用风险，合理核定商业银行的日间透支限额，要求银行为高额罚息贷款提供有效的抵押担保，并可对银行的清算账户实施停止借记甚至关闭等手段。同时，系统参与者使用在中国人民银行的存款账户完成结算，保证了结算资产的可靠性。二是实现了全国银行间债券市场和中央银行公开市场业务操作的DVP（付款交割）清算。三是从硬件、软件和管理方面都周密考虑了系统的安全控制问题。四是具有开放的准入标准，符合准入条件的中小金融机构都可以成为直接参与者，接入支付系统办理业务。

同城票据交换所和清算系统。同城票据交换所和清算系统在区域范围内对现代化支付系统起补充作用，前者处理纸质票据的交换和清分，后者处理电子信息的交换和清分。目前全国有1 936个县级以上城市建立了票据交换所，北京和天津、上海和南京、广州和深圳等地区形成了区域性票据交换中心，一些地区开展了支票截留、票据影像技术等试点工作。

外币清算系统。目前国内共有7个地区设立了外汇清算中心办理跨行外币清算业务，尚无覆盖全国的统一的异地跨行外币清算系统，币种主要为美元和港元。中资银行系统内的异地外币清算，通过本行外汇联行系统进行，跨系统的可以通过SWIFT系统、外汇清算中心的境外清算账户或委托中国银行等大银行代理三种方式进行。外资银行外币清算主要通过SWIFT系统进行。

银行卡支付系统。银行卡支付系统是专门处理银行卡跨行数据信息交换的网络，是零售支付体系的重要组成部分。全国性的银行卡支付系统由中国银联股份有限公司（简称中国银联）统一运营。中国银联网络包括上海信息处理总中心和18个分中心。2004年，银行卡信息交换网络实现了与现代化支付系统的连接，通过在中国人民银行开设的特许清算账户实现了资金实时划拨，进一步提高了资金清算效率。为适应数据集中处理的需要，提高跨行网络服务水平，中国银联于2004年调整了网络架构，建设了新一代跨行交换系统，集中处理信息转接和资金清算业务，分中心只负责提供报表、对账等服务。

（四）支付结算管理

中国人民银行根据其关于支付体系的安全和高效的公共政策目标，积极采取措施，建立了支付体系的基本框架。初步形成了以《票据法》为主体，以支付结算管理规章及规范性文件为补充的法律体系，并积极促进支付服务市场的公平竞争、建设现代化支付系统和推动非现金支付工具多元化发展。与此同时，中国人民银行还建立了统一、安全、高效的中央银行会计集中核算系统、账户管理系统等。

近年来，中国支付结算管理取得以下成绩：

一是完善支付结算法规制度，为支付体系监督提供法律保障。目前中国已形成以《票据法》、《票据管理实施办法》、《支付结算办法》、《人民币银行结算账户管理办法》等为主体、其他相关规章和规范性文件为补充的比较完善的支付法规制度体系，为支付体系运行和监督奠定了坚实的法律基础。特别在支付工具方面，形成了较为系统的法律体系，除了《票据法》、《票据管理实施办法》、《支付结算办法》等有关纸基支付工具的法律制度外，还包括《银行卡业务管理办法》和正在起草的《银行卡条例》有关卡基支付工具的法律制度。此外，中国人民银行会同国家发展和改革委员会等九部门发布了《关于促进银行卡产业发展的若干意见》，它是未来一段时期指导我国银行卡工作的纲领性文件。为规范和促进电子支付的发展，研究制定电子支付有关规章制度。

二是强化支付系统监督管理，防范支付系统风险。为确保大额支付系统安全、稳定运行，中国人民银行建立健全相关法律制度，发布了《大额支付系统业务处理办法》和加强系统运行管理等方面的规章制度；强化了支付系统运行、维护和管理工作责任制，防范支付系统风险；制定了支付系统风险处置预案和危机应急预案，建立了风险处置的工作机制；完善了支付系统运行情况报告制度和信息反馈制度，做到系统出现问题早发现、早判断、早处理；及时跟踪研究大额支付系统推广后出现的新问题，研究建立支付系统运行维护机制，确保支付系统和相关系统安全、稳定运行。

中国人民银行还是小额支付系统的建设运营者和组织管理者，在按照充分体现前瞻性、安全性、高效性和通用性的原则开发建设小额支付系统的同时，切实加强制度建设，目前正在拟订《小额支付系统业务处理办法》、《小额支付系统业务处理手续》和《小额支付系统运行管理办法》等一系列小额支付系统管理规章制度。

三是支付业务不断创新。为解决中小银行结算难问题，积极推行结算代理制，支持城市商业银行设立资金清算中心；为推广使用票据，扩大票据使用范围，建立区域性票据中心，开通粤港、深港港元支票双向结算业务，整合现有的票据与结算凭证，发布空头支票行政处罚制度；为促进银行卡发展，鼓励商业银行和中国银联拓展境外受理市场。

四是加强银行结算账户管理，维护正常的经济金融秩序。银行结算账户是社会资金运动的起点和终点。为切实落实账户实名制，从源头上遏制洗钱、腐败、金融诈骗等违法犯罪行为，维护正常的经济金融秩序，中国人民银行在大力加强银行结算账户管理的法制建设的同时，于 2005 年 6 月完成了账户管理系统在全国的推广应用，通过系统实现对存款人资料的真实性、完整性、合规性及基本存款账户惟一性的审核。

五是中央银行会计核算体系建设不断发展。整合和完善现有的会计核算系统，建立统一、安全的中央银行会计集中核算系统，实现会计集中到地市核算，减少了业务操作环节，符合中央银行防范资金风险、提高会计核算质量的要求。

六是风险监督管理得到强化。中国人民银行的支付体系监督管理在注重合规性的同时，更重视对系统性支付风险的防范以及重要支付系统的研究和监测。为此，中国人民银行积极参加部际“金融部门评估规划”自评估领导小组组织的支付体系自评估工作；研究拟订支付清算组织管理制度，对清算组织的市场准入和退出、业务管理和风险控制提出了要求；加强对中央银行会计联行业务的监督管理工作，建立了规范化的会计联行检查制度。

七是支付信息采集分析体系正在建设。中国人民银行正在建立一个包含管理信息、业务信息和专题信息三类信息在内的完备的支付信息采集分析体系。

三、支付体系发展中需要关注的方面

1999 年 12 月，十国集团中央银行支付结算体系委员会（CPSS）制定了《重要支付系统核心原则》。该原则指出支付系统中可能出现以下类型的风险：（1）信用风险：系统中某个当事人既不能在预期时间也不能在以后的任何时间完全清偿其在系统范围内的债务所构成的风险。（2）流动性风险：系统中某个当事人在期满以后的某个时间可能有足够的资金支付其在系统范围内的债务，但在预期的时间没有足够的资金清偿其在系统范围内的债务所构成的风险。（3）法律风险：导致或者恶化信用风险或者流动性风险的不合理法律框架或者法律上的不确定性所构成的风险。（4）运行风险：导致或者恶化信用风险或者流动性风险的运行因素，比如技术故障或者运行错误所构成的风险。

（5）系统性风险：某个参与者不能清偿其债务或者系统本身的破坏，可能导致其他系统的参与者或者金融系统中其他部分的金融机构不能在期满时清偿其债务所构成的风险。

针对以上风险，《重要支付系统核心原则》提出了安全高效的支付清算系统应遵循的原则：支付系统应具备稳健的法律基础；支付系统的制度办法应使参与者能够清楚认识到，系统对其在参与过程中承受的每种金融风险产生什么影响；支付系统应清楚地说明信用风险和流动性风险的管理办法，特别说明系统运行者与参与者各自的责任，适当鼓励管理和限制这些风险；支付系统最好在生效日当天或者至少在生效日日终，提供及时的最终结算；采取多边轧差的支付系统，如果单个结算债务最大的参与者发生不能结清的情况，应至少保证能够及时完成当日结算；用于结算的资产最好是对中央银行的债权；如果采用其他资产，支付系统应只有少许或没有信用风险和流动性风险；支付系统应保证高度的安全性和运行可靠性，而且应具备及时完成当日处理的应急安排；支付系统应提供用户实用并且经济有效的支付方式；支付系统应具备客观的参与标准，并且公开披露参与标准，允许公平、公开的准入；支付系统的管理安排应是有效、负责任并透明的。

对照《重要支付系统核心原则》，中国现代化支付系统基本符合其安全高效的要求，但有些方面还存在一定差距。

（一）支付服务组织

支付服务组织存在的问题，一是支付服务的市场化运营机制尚未完全形成；二是非金融机构参与支付服务市场，其法律地位、管理要求和风险控制缺乏相应的法律规定；三是国有商业银行收缩机构网点后，农村信用社成为农村支付服务的主要供给者，但农村信用社规模小、技术手段落后、支付手段单一和资金清算渠道不畅，制约了农村金融服务质量的提高；四是随着中国加入世贸组织过渡期的结束，更多的外资机构进入中国市场，将在客户资源、利润空间、人才等方面对中资支付服务组织产生一定冲击。

（二）支付工具

非现金支付工具种类较齐全，但使用不够充分。现金交易比重较大，现金流通量占 GDP 的比重为 16% 左右，而在发达国家，该比例多在 6% 以下。大量使用现金不仅带来很多不便，也不利于税收征管、反洗钱和维护金融秩序。

就非现金支付工具而言，应关注以下几个方面：一是不良信用和欺诈行为引发的信用风险。非现金支付工具并非法定支付手段，无法依靠国家信用，只能依靠银行信用、商业信用和个人信用而存在，但由于中国征信体系还不完善、信用观念淡薄、信用审核不严格，导致信用风险成为非现金支付工具发展面临的最大风险。二是使用过程中的不规范行为易引发操作风险，近年发生的票据诈骗案件多是由于未按照有关票据法律制度严格操作规程所致。三是由于支付工具本身防伪技术水平不适应安全管理的要求而引发的伪造、变造的技术风险。票据和银行卡都存在该种风险。四是法律风险。办理票据和银行卡业务遵循的都是多年前制定的法律制度，一些市场创新产品面临着较大的法律风险，或者被叫停，或者在缺乏相应规范约束的情况下自由发展。

（三）支付系统

支付系统存在的问题包括以下四个方面：

在现代化支付系统方面，一是市场参与者在破产情况下进行支付的效力还有待法律确认；二是两级处理中心的灾难备份建设需要尽快完成；三是随着现代化支付系统的逐步推广，需尽快采取有效措施提高业务处理能力；四是一些中小金融机构参与者的风险控制能力比较薄弱，增大了支付清算的风险系数。

在同城票据交换所和清算系统方面，同城票据交换所和清算系统也存在支付最终性的法律确认问题。

在外币清算系统方面，外币清算系统还没有统一，且与人民币清算系统在管理和运行方面处于分割状态，造成境内跨行外币清算渠道不畅，影响外币清算业务的效率，不利于中国人民银行对外币资金的监控，较难适应经济金融全球化和外汇管制逐步放开后的外币清算市场的发展及管理要求。

在银行卡支付系统方面，随着银行卡的发展，银行卡支付系统和商业银行的发卡系统、收单系统以及相关的数据处理外包行为对整个支付体系安全和金融信息安全的影响将会越来越大，这将使支付系统的管理者和运营者面临严峻挑战。随着中国银联境外受理业务容量的不断扩大，中国银联在提高交易网络的可靠性、安全性和系统管理能力方面面临着更高的要求。

（四）支付结算管理

支付结算管理的问题主要在于，中国现有的有关支付体系监督的法律基础与建立一个稳健、清晰、透明的支付体系监督框架要求相比还有一定差距。一是监管责任有待进一步明确，监管协调有待进一步加强；二是目前的法律多限于支付工具方面，有关支付系统和支付服务市场的法律法规还比较缺乏，一些规章制度之间存在冲突和不兼容。

四、支付体系的发展和完善

为适应经济金融发展和金融稳定对支付结算体系建设的要求，中国人民银行确立了支付体系建设的规划目标：建立适合国情和符合国际惯例、现实性和前瞻性、市场竞争和规范管理相结合的支付法规体系；形成以中国人民银行和银行业金融机构为主体，支付清算组织为补充的支付服务组织体系；完善以支票、本票、汇票、银行卡为主体，以电子支付工具为发展方向，适应多种经济活动和居家服务需要的支付工具体系；建立以现代化支付系统为核心，各商业银行行内汇兑系统为基础，票据交换系统、卡基支付系统等并存的支付清算体系；建立健全有利于调动支付服务组织创新积极性、促进支付工具多元化发展和支付系统稳定运行的科学、高效的支付结算管理体制。

（一）支付服务组织

随着市场经济发展的不断深入和对外开放的进一步扩大，中国的支付服务组织将积极应对挑战，一方面加大创新力度，建立健全收费机制，改善支付服务质量；另一方面在资金结算、信用卡等方面与外资机构加强合作。此外，中国人民银行正进行相关立法工作，完善支付结算服务市场，以农村金融改革为契机，丰富现代化支付系统的接入方式，改变农村信用社通汇难的问题，提高农村金融服务质量。

（二）支付工具

中国人民银行将积极推广非现金支付工具。一是进一步完善法律制度，促进《票据法》的修订工作，尽快出台《银行卡条例》，加快有关电子支付规范的立法步伐。二是加强征信体系建设，建立良好的信用环境。三是改进票据和银行卡的技术防伪措施，提高安全管理水平。四是改善市场品种结构，推广商业承兑汇票，扩大支票使用主体和范围，试办商业本票。继续促进借记卡发展，稳步推进信用卡。促进电子支付发展。五是加强消费者教育，提高消费者对各类支付工具使用中风险防范点的认知水平。

（三）支付系统

中国人民银行作为现代化支付系统的运营者和管理者，将按照《重要支付系统核心原则》的要求不断改进系统的设计、运行、维护和监督机制，优化业务处理流程，进一步提高支付系统的安全和效率。中国人民银行将抓紧灾难备份系统建设，健全运行、维护机制；完善大额支付系统的功能，研究启用自动质押融资功能，加快小额支付系统的推广应用；抓紧开发建设支付管理信息系统和业务监控系统。

对于分散于各地的票据交换所和清算系统，中国人民银行将统一规划，统筹安排。一是根据市场需求和经济关联度建立区域性的票据交换中心。二是在有条件的地区，积极推动使用支票截留和影像技术等创新性的支票处理方式。三是完善同城票据交换管理制度，规范票据交换行为。四是加快建设支票信用支持系统，实现票据交换系统与各银行系统的联网，提高支票安全性。

随着中国加入世贸组织，国内金融环境将发生变化，对外开放不断深入，银行间国际业务往来会日趋频繁，建立统一的外币清算系统成为必然趋势。中国人民银行将积极研究依托现代化支付系统建立新的外币清算通道以及统一的境内本外币清算系统的可能性。

（四）支付结算管理

为构建安全、高效的支付体系，维护金融稳定，中国人民银行将按照依法行政和市场化管理的要求，积极探索维护金融稳定的新方式，引导和推动支付体系安全、高效发展，尽快实现中国支付体系建设的规划目标。

法律环境

良好的法律环境是建立公平、高效市场机制的保障，是打击金融犯罪、防范道德风险、塑造健康市场主体的基础。因此，防范化解金融风险、维护金融稳定离不开法律制度的建立健全和有效实施。

一、法律环境的现状

改革开放以来，随着金融体制改革的不断深化，中国金融法治建设也进入了快速发展轨道，取得了巨大成绩，颁布了《中国人民银行法》、《商业银行法》、《银行业监督管理法》、《证券法》、《保险法》等法律，形成了以规范金融经营主体、经营行为和金融监督管理行为为主要内容的基本金融法律制度。依据这些基本金融法律，国务院及有关部门制定了相应的行政法规、部门规章和规范性文件。此外，在行政法律层面，通过《行政处罚法》、《行政复议法》、《行政许可法》等法律约束金融监督管理者的行政行为。在民商事法律层面，通过《民法通则》、《合同法》、《公司法》、《票据法》、《担保法》、《信托法》等法律规范民商事行为。在刑事法律层面，《刑法》及相关的立法、司法解释对惩治金融犯罪行为作出了刑事法律规定。总的来看，中国目前已形成了由法律、行政法规、部门规章、规范性文件及有关司法解释构成的、轮廓较为清晰的金融法律体系，为金融行业的正常运行提供了较为系统的法律保护。

在金融法律体系中，维护金融稳定的法律制度已经初步建立。这些法律制度可划分为关系金融稳定的基础性法律制度、防范系统性金融风险的法律制度和化解金融风险的法律制度。其中，值得特别关注的是，2003 年修改的《中国人民银行法》直接赋予了中国人民银行维护金融稳定的职责。

（一）关系金融稳定的基础性法律制度

广义上说，关系金融稳定的基础性法律制度包括：维护金融稳定的各种民商事法律制度、金融监管法律制度，以及打击金融犯罪的刑事法律制度等。狭义上说，关系金融稳定的基础性法律制度主要包括企业破产法律制度、防范和打击金融犯罪的刑事法律制度、反洗钱法律制度等对维护金融稳定起直接作用的法律制度。

企业破产法律制度。企业破产法律制度对金融机构债权人的保护程度，直接关系到金融企业资产的安全状况。当前企业破产法律制度主要包括：1986年颁布的适用于全民所有制企业的《企业破产法（试行）》，适用于其他企业法人的《民事诉讼法》第十九章（企业法人破产还债程序），最高人民法院颁布的一系列司法解释，国务院及国务院有关部门制定的有关政策性破产的行政法规、规范性文件和地方性企业破产法规等。

防范和打击金融犯罪的刑事法律制度。1997年修订的《刑法》以两节共计31条对“破坏金融管理秩序罪”和“金融诈骗罪”作出了规定。其后，为适应防范和打击金融犯罪新的形势，全国人大常委会又以刑法修正案或决定的形式，对《刑法》中打击金融犯罪的有关规定进行了补充和修改。

反洗钱法律制度。《刑法》第一百一十九条将洗钱行为明确为刑事犯罪，并规定了相应刑罚。2003年1月，中国人民银行颁布了《金融机构反洗钱规定》、《人民币大额和可疑支付交易报告管理办法》和《金融机构大额和可疑外汇资金交易报告管理办法》，对金融机构的反洗钱工作作出了规定。2003年12月修改的《中国人民银行法》，在法律上确立了中国人民银行指导、部署金融业反洗钱工作，负责反洗钱的资金监测职责。《反洗钱法》的起草工作也于2004年3月启动。此外，中国已加入许多反洗钱方面的国际公约，如维也纳公约和巴勒莫公约。

（二）防范系统性金融风险的法律制度

广义上，防范系统性金融风险的法律制度包括规范金融机构行为及金融市场运行的各项法律制度。而狭义上，直接防范系统性金融风险的法律制度包括：（1）主要由《中国人民银行法》确立的中国人民银行防范系统性金融风险法律制度；（2）主要由《银行业监督管理法》、《证券法》、《保险法》、《公司法》等法律确立的金融监督管理部门防范金融风险的法律制度；（3）主要由国务院颁布的《非法金融机构和非法金融业务活动取缔办法》确立的取缔非法金融机构和非法金融业务活动的法律制度。

（三）化解金融风险的法律制度

化解金融风险主要体现为对出现支付困难的金融机构实施救助和使其顺利退出市场。有关法律制度主要包括：（1）由《商业银行法》、《银行业监督管理法》等确立的金融机构接管、整顿和重组法律制度；（2）由《金融机构撤销条例》确立的金融机构撤销（行政关闭）法律制度；（3）金融机构破产法律制度；（4）中央银行提供救助性再贷款法律制度；（5）由《金融资产管理公司条例》等确立的处置不良资产的法律制度；（6）投资者保护法律制度等。

（四）维护金融稳定的中央银行法律制度

《中国人民银行法》赋予中国人民银行依法维护金融稳定的职责。涉及金融稳定工作的具体条款有5条，明确规定了中国人民银行在国务院领导下，制定和执行货币政策，防范和化解金融风险，维护金融稳定；中国人民银行的分支机构根据中国人民银行的授权，维护本辖区的金融稳定；中国人民银行根据执行货币政策和维护金融稳定的需要，可以建议国务院银行业监督管理机构对银行业金融机构进行检查监督；当银行业金融机构出现支付困难，可能引发金融风险时，为了维护金融稳定，中国人民银行经国务院批准，有权对银行业金融机构进行检查监督。

上述法律制度的建立、健全对司法环境的改善和金融执法力度的加强，防范和化解金融风险、维护金融稳定发挥了重要作用。

二、建立良好的法律环境需要关注的方面

中国的金融法治建设是在经济体制转轨过程中进行的，虽然取得了重大成绩，但仍不够完善。在未来，为深化金融体制改革，加快金融业对外开放以及增强金融业自身创新能力，需要进一步关注以下方面。

一是一些重要的市场经济法律尚待补充和完善。如《公司法》、《证券法》、《保险法》还不能使金融市场主体的一些权利和义务完全明确、对称；《物权法》仍在制定中，《担保法》尚未能对各类财产权益提供充分、公平的保护。

二是破产法律制度需要尽快建立和完善。一个国家的破产制度完善与否，已成为衡量该国市场经济成熟程度的重要标志，也是影响该国金融体系稳定的重要因素。作为国际上普遍接受的标准和准则，世界银行制定的《有效破产和债权人权利体系的原则和指引》强调，一国应当建立一个确定、透明和成本低廉的债权执行体系，平等对待债权人，破产解决方案应当及时、有效和公平。对照上述标准，以1986年颁布的《企业破产法（试行）》为主要内容的中国企业破产法律制度，在适用范围、清算程序、破产重组方面，已不适应社会主义市场经济发展的要求。与此同时，中国还欠缺金融机构破产的法律依据，2001年国务院颁布的《金融机构撤销条例》，只是对金融机构实施行政关闭的行政法规，还不是金融机构破产法律，在实践中也暴露出一些问题，亟待修改完善。

三是有关防范和打击金融犯罪的刑事法律制度不够完善。特别是现行法规

对企业利用虚假财务信息进行贷款诈骗的行为、金融机构挪用客户资金等行为的打击力度不够，有必要进行修改。

四是包括合同自由、交易安全和公平竞争等方面在内的社会信用法律制度不完善，制约了社会信用体系的建立。

五是反洗钱法律制度的建设尚处于起步阶段，有关工作机制也有待进一步健全和完善。

六是规范金融创新方面的法律制度存在欠缺，对跨多个行业、多个金融市场的金融创新产品，当前还缺乏完善的监管法律制度。

三、法律环境的完善和发展

建立健全金融法律制度，促进金融法律环境的完善。一方面，修改《公司法》，提高公司治理和规范运作的水平。修改《证券法》，依法保护证券投资者的合法权益。制定《物权法》，完善《担保法》，清晰界定、依法保护各种类型的财产权益。制定、颁布《企业破产法》，强化对企业的市场约束，有效保护债权人的合法权益。

另一方面，建立金融机构破产法律制度和存款保险制度等投资者保护制度，增强对金融机构的市场约束，防范金融机构管理层的道德风险，树立存款者、投资者的风险意识。完善防范和打击金融犯罪的各项法律制度，防范道德风险。加快社会信用制度法律建设，构建诚信社会。建立反洗钱法律制度，遏制和打击各类洗钱犯罪，维护金融稳定。研究有关金融创新的法律制度，鼓励和规范金融创新。对一些跨行业和跨市场的金融创新产品，加强监管协调，推动制度化金融监管协调机制的建立。

公司治理

公司治理是现代企业制度的核心，金融机构公司治理是影响金融稳定的重要因素。构建完善的金融机构公司治理是一项复杂而艰巨的系统工程，也是金融体制改革的重要目标。

一、金融机构公司治理与金融稳定

公司治理涉及公司的董事会、股东、管理层和其他利益相关者之间的一系列关系。完善的公司治理能够提供适当的激励，促使董事会和管理层追求公司价值最大化，发挥公司治理的有效制衡作用。

与非金融机构相比，金融机构的公司治理具有一定特殊性。一是需要外部监管。金融机构特别是商业银行失败的负面影响很大。一家金融机构的倒闭可能发生连锁反应，造成金融动荡，甚至酿成危机。因此，需要对金融机构进行外部监管。二是强调市场约束。仅仅依靠政府部门的监管无法确保金融机构具备完善的治理结构，还应通过提高透明度来增强市场主体、利益相关者对金融机构经营管理活动的约束。三是强调内部风险控制。金融机构高负债经营的特性，使得构建内部风险控制制度显得尤为重要。

良好的公司治理可以提高金融机构的信誉，降低融资成本，促进金融机构稳健经营，为金融稳定提供微观基础。首先，金融机构在多大程度上遵循良好的公司治理原则是影响投资者决策的重要因素。完善的公司治理，可以有效地保护投资者的合法权益，增强公众和投资者对金融机构的信心，有利于金融机构低成本筹集资本，提高管理水平和盈利能力。其次，完善的公司治理可以强化股东和利益相关者的监督约束作用，有利于促使金融机构强化内控机制，促进金融机构稳健经营。

二、金融机构公司治理的现状

党的十六届三中全会提出，要按照现代企业制度要求，规范公司股东大会、董事会、监事会和经营管理者的权责，完善企业领导人员的聘任制度。股东大会决定董事会和监事会成员，董事会选择经营管理者，经营管理者行使用人权，形成权力机构、决策机构、监督机构和经营管理者之间的制衡机制。同时，金融机构要改革成为资本充足、内控严密、运营安全、服务和效益良好的现代金融企业。这些为中国金融机构改革以及建立、完善金融机构公司治理提供了指南。

在上述指导原则下，有关部门制定和颁布了一系列规范性文件，为完善金融机构公司治理提供了实施依据。根据 2002 年中国人民银行发布的《股份制商业银行公司治理指引》和《股份制商业银行独立董事和外部监事制度指引》，商业银行要建立以股东大会、董事会、监事会、高级管理层等机构为主体的组织架构和保证各机构独立运作、有效制衡的制度安排，建立科学、高效的决策、激励和约束机制。中国证监会 2002 年发布《上市公司治理准则》，对股东与股东大会、董事与董事会、监事与监事会、控股股东与上市公司、绩效评价与激励约束机制以及信息披露与透明度等内容提出明确要求，并建立了包括上市金融机构在内的上市公司公司治理质量评价标准。中国银监会成立后，公司治理同样成为银行业金融机构监管的重点。2004 年，中国银监会发布《关于中国银行、中国建设银行公司治理改革与监管指引》，专门对两家试点银行股份制改造的总体目标、公司治理、考核指标等方面作出了规定，成为国有商业银行完善公司治理的指导性文件。目前，有关金融监管机构正在研究制定针对证券公司、保险公司和信托投资公司的公司治理准则。

近年来，中国的金融机构，特别是经过股份制改革的金融机构，在建立规范的股东大会、董事会、监事会并明确各自的职责，加强内部控制和风险管理，完善信息披露制度，强化投资者和市场约束等方面取得了明显进展。2003 年以来，国家通过汇金公司先后向中国银行、中国建设银行、交通银行和中国工商银行注资，对国有商业银行和重点金融企业进行股份制改革。汇金公司成立以来，代表国家对所注资金融企业依法履行股东的权利和义务，推动了金融机构建立和完善现代公司治理结构。

专栏 13：中国公司治理的 12 个议题

自公司治理的概念引入中国以来，金融机构的公司治理取得了较大进展。目前，需要重点关注以下 12 个议题。

1. 公司治理的概念。1993 年党的十四届三中全会开始尝试把公司治理的概念写入文件中；1999 年，十五届四中全会正式将“公司治理”一词写入党的主要文件。近年来，一些部门发布了公司治理指引。在坚持学习国际经验的基础上，明确对 1999 年经济合作与发展组织（OECD）发布的《公司治理原则》的态度，发挥其在制定公司治理的整体制度和法律框架方面的推动作用，这也是OECD在2004年发布《公司治理原则》（修订版）时所特别重视的。

2. 公司治理模式的选择。从国际实践经验看，公司治理存在不同的模式，例如盎格鲁—萨克森模式、莱茵河模式、日韩模式等。过去十多年的实践经验表明，不同模式之间出现收敛的趋势，虽然在很多方面仍有不同，但在一些问题上逐渐一致。中国应选择适合本国国情的公司治理模式。

3. 所有者缺位和内部人控制的问题。20世纪90年代初，中国引进公司治理概念最重要的原因是不少企业存在严重的所有者缺位和内部人控制问题。至今，这些重大问题还是没有得到很好的解决。

4. 解决债转股遗留的公司治理问题。与内部人控制紧密相关的一个问题是中国在1999年实施过金额很大的“债转股”，债转股过程中出现了很多扭曲和失真，无视和违反了公司治理原则。今后需要妥善解决债转股遗留的公司治理问题。

5. 上市的作用。从中国实践看，目前在公司治理方面做得最好的总体上还是上市公司，因为上市公司有监管机构对公司治理的指引，有投资者、公众和市场的监督。上市公司的实践使人们开始认识到股份制改革是国内经济体制改革的一个主要方向，推动大中型公司上市是改革的一项重要且有效的措施。

6. 党委的作用。除投资者、董事会、管理层、利益相关者的关系外，在公司治理中还需要积极发挥党委在公司治理中的作用，这是中国的国情。

7. 利益相关者的作用。中国接受了国际上很多关于公司治理的好的经验，但在OECD关于公司治理的五项原则中，回避了“利益相关者（Stakeholder）在公司治理中的作用”这一条。《公司治理原则》（修订版）比1999年版更加强调发挥利益相关者在公司治理中的作用。应准确界定利益相关者的内涵，积极发挥其作用。

8. 股东利益的保护。中国在公司治理方面出现的比较明显的偏差是忽视股东的利益。例如一些传统的国有企业一直不对股东分红。如何体现股东利益依然是完善中国公司治理的重要议题之一。

9. 独立董事的作用。近年来，独立董事制度在中国经历了从无到有的巨大进展。社会各界在引进独立董事之初表示怀疑，但经过培训和锻炼，独立董事在中国公司治理中开始发挥越来越明显的积极作用。今后如何进一步发挥好独立董事的作用仍需研究。

10. 机构投资者的定位。近年来，中国资本市场出现了许多新的机构投资者，例如封闭式投资基金、开放式投资基金、其他风险投资基金、产业投资基金和社会保障基金等。在当前所有者缺位和内部人控制问题还比较突出的情况下，这些机构投资者究竟是选择充当消极投资者的方式，还是采取更积极的态度来参与公司治理，也是需要讨论的议题。

11. 银行在公司治理中的作用。中国很多企业的财务杠杆率非常高，银行贷款金额大而自有资本金比例低，银行是最重要的债权人。债权人在公司治理中的作用、债权人权利保护机制、有效的清偿框架都是OECD公司治理原则中十分重视的内容。作为债权人的银行在公司治理中应当发挥什么样的作用，是值得中国银行界深入探讨的一个非常重要的议题。

12. 非公有制企业的公司治理。公司治理在中国出现的一个重大的进步，就是公司治理已经不仅是国有企业改造的课题，同时也是各类非公有制企业改革中要强调的同样重要的课题。

（摘编自中国人民银行行长周小川同志2004年12月1日在“中国论坛：资本市场与公司治理”上的讲话。）

三、金融机构公司治理需要关注的方面与发展方向

经济合作与发展组织（OECD）制定的《公司治理原则》已成为各国评估和改进公司治理的国际标准。《公司治理原则》包括以下主要内容：公司治理框架应当保护股东权利；应当平等对待所有股东，包括小股东和外国股东；应当承认利益相关者的法定权利，鼓励公司与利益相关者在创造财富和就业机会、维持企业良好的财务状况方面进行积极的合作；应当确保及时、准确地披露公司所有的重大事项，包括公司的财务状况、经营业绩、所有权和治理状况；应当确保董事会对公司的战略性指导、对管理层的有效监督，董事会应当向公司与股东负责。

中国金融机构公司治理已取得较大进展，但与《公司治理原则》相比，尚存在一定差距，尤其要关注以下两个方面：一是关于所有者缺位和金融机构内部人控制的问题。商业银行等主要金融机构普遍采用分支行制度，机构网点多、规模大，内部管理层次多、链条长，总行（或总公司、公司总部）对分支行（或分公司、公司分部）控制力弱，内部控制存在缺陷，有章不循、违

规操作时有发生。二是关于市场化激励约束机制的问题。长期以来，国有和国有控股的金融机构在人事任命和考核方面与行政级别挂钩，缺少市场化的激励约束机制，无论是高管人员还是普通员工，其报酬与业绩关系不紧密，激励机制不足，约束机制也存在一定的缺陷。

今后，应从以下四个方面进一步完善金融机构的公司治理。

一是推动金融机构股份制改革，构筑多元产权主体，强化国有出资人职能，改革内部管理体制，建立现代金融企业制度。

二是加强对“内部人控制”的治理。明确金融机构股东大会、董事会、监事会的职能及其与高级管理层的关系，建立规范的股东大会、董事会、监事会及高级管理层之间的制衡机制，强化信息披露制度与市场约束，对金融机构实施有效监督。

三是建立有效的金融机构高级管理人员选聘机制。改革金融机构高级管理人员的任免和考核体制，逐步尝试市场化运作，建立功能齐全的金融机构经理人市场。

四是建立健全内部激励约束机制和外部监督约束机制。一方面，在内部按照责、权、利相匹配的原则和现代金融企业人力资源管理的要求，设计有效的高层管理人员激励机制，最大限度地调动其积极性，保证其行为目标与所有者目标相一致，防止管理层利用职权或信息优势损害股东及其他利益相关者的合法权益。另一方面，发展外部监督体系，保证监督机构的公正性和客观性；加强市场纪律约束，提高透明度，推行财务会计信息的强制披露，加强社会监督。

会计标准

作为影响金融稳定的基础性制度安排之一，高质量的会计标准从微观层次上可以真实、完整地反映金融企业和非金融企业的盈利能力与财务状况，从而有助于在宏观层次上准确计量和有效控制金融风险，维护金融稳定。

一、会计标准与金融稳定

（一）金融企业会计标准对金融稳定的影响

目前，中国金融企业和非金融企业执行不同的会计标准。金融机构会计标准主要通过以下三方面影响金融稳定。

一是衡量商业银行资本充足率、证券公司净资本、保险公司实际偿付能力额度等关键性指标的真实性。资本充足率的高低主要取决于资本和风险资产的对比。高质量的会计标准既可以真实反映商业银行的风险资产情况，又可以通过核算其运营中发生的各项成本、费用等，对所有者权益进行计量，而所有者权益是商业银行核心资本的主要构成项目。因此，会计标准关系着商业银行资本充足率的计算是否真实可靠以及能否建立有效的资本约束机制。对证券公司、保险公司等金融企业而言，净资本、实际偿付能力额度等关键性指标的准确计量对促进金融机构稳健经营、维护金融稳定同样发挥着至关重要的作用。

二是真实反映盈利能力、财务状况。高质量的会计标准对金融企业日常发生的经济交易进行计量、记录，由此产生的财务信息能够真实地反映其经营业绩及财务状况。同时，对财务信息的披露要求是会计标准的重要内容之一。金融机构财务信息披露主要通过会计报表、报表附注及其他手段关注金融机构的经营状况，尤其是变现能力、偿债能力和风险程度。因此，高质量的会计标准可提高金融机构的信息透明度，有利于股东、债权人及其他利益相关者作出适当决策，有利于增强公众信心，避免由信息不对称引致的金融恐慌，是评估金融机构风险、防范系统性金融风险的重要手段。

三是促进公司治理的完善。作为企业经营产生的主要信息流之一，财务信息有助于股东、债权人和其他利益相关者对金融机构管理人员的考核、激励与控制，有助于金融机构内部激励约束机制的建立和实施。因而，高质量的会计标准和财务信息有助于金融机构公司治理的完善。

（二）非金融企业会计标准对金融稳定的影响

金融机构作为债权人，获取贷款对象信息的主要途径之一是贷款对象提供的财务报告。获取贷款对象信息的目的，一是判断作为潜在贷款对象的非金融企业的财务状况和经营业绩，决定是否提供贷款、提供多少贷款以及应采取何种风险管理措施。二是跟踪了解贷款对象的偿债能力变化情况，以确定贷款是否安全，并及时采取相应措施。会计标准质量高低决定了非金融企业财务信息是否真实可靠，在一定程度上影响商业银行等金融机构的贷款决策和资产质量，从而影响金融机构的经营状况和稳健程度。

二、金融机构会计标准的现状

（一）上市金融机构的会计标准已与国际惯例基本相同

近年来，中国上市金融机构的会计标准已较为完善，与国际会计准则差异逐渐缩小，对维护金融稳定起到了积极的促进作用。

1. 国内会计标准的规定已比较完善

目前，中国上市金融机构和外商投资金融机构执行 2002 年生效的《金融企业会计制度》，已完成股份制改造的商业银行也实施了该会计制度。《金融企业会计制度》规定金融机构应在期末分析各项贷款（不包括质押贷款和委托贷款，下同）的可收回性，预计可能产生的损失，计提专项准备和特种准备，并要求金融机构对短期投资、长期投资、固定资产、无形资产、在建工程、抵债资产等资产计提减值准备，较好地贯彻了谨慎性原则，在会计要素定义、确认和计量以及财务报告体系等重要方面与国际会计准则基本一致。

上市金融机构国内外会计标准差异逐渐缩小并趋于一致，还突出表现为逾期应收利息不计入当期损益的期限逐步缩短。会计核算实行权责发生制，有利于正确反映其财务状况和经营成果，符合配比原则，但滥用权责发生制会导致金融机构在账面上记录应收而实际无法收回的利息收入，产生收入虚增问题。以前的做法是逾期应收利息不断计入当期损益（表 5－1），造成经营成果失真。经过不断改革，目前该会计标准规定金融机构贷款本金或利息逾期 90 天时，应单独核算，并将已入账的利息收入和应收利息予以冲销，实现与国际惯例接轨，有利于真实反映金融机构经营绩效。

表 5－1 金融机构逾期应收利息不计入当期损益的期限变更表

年份	期限	具体内容	文件依据
1993	3 年	逾期（含展期后）3 年以上的放款，作为催收贷款管理，应收利息不再计入当期损益	《关于印发〈金融保险企业财务制度〉的通知》（财商字第 11 号）
1998	1 年	逾期满 1 年及超过 1 年仍未归还的放款，作为呆滞放款，其应收利息不再计入当期损益	《财政部关于修改金融机构应收利息核算年限及呆账准备金提取办法的通知》（财商字［1998］302 号）
2001	180 天	贷款利息逾期 180 天以上，无论贷款本金是否逾期，发生的应收未收利息不再计入当期损益	《关于调整金融企业应收利息核算办法的通知》（财金字［2001］25 号）
2001	90 天	非应计贷款是指贷款本金或利息逾期 90 天没有收回的贷款。当贷款的本金或利息逾期 90 天时，应单独核算，并将已入账的利息收入和应收利息予以冲销	《财政部关于印发〈金融企业会计标准〉的通知》（财会字［2001］49 号），自 2002 年 1 月 1 日起在上市金融机构实施
2002	90 天	贷款利息逾期 90 天以上，无论该贷款本金是否逾期，发生的应收未收利息不再计入当期损益；对已经纳入损益的应收未收利息，在其贷款本金或应收利息逾期超过 90 天（不含 90 天）以后，金融机构要相应作冲减利息收入处理	《财政部关于缩短金融企业应收利息核算期限的通知》（财金字［2002］5 号）

资料来源：根据财政部有关文件整理。

2. 上市金融机构信息披露基本满足法定披露要求

中国上市金融机构每年 4 月底前要对外披露年报，公布上年度财务状况和经营业绩，并就风险管理政策进行说明。以上市商业银行为例，对比各上市商业银行 2004 年年报与《公开发行证券公司信息披露编报规则第 7 号——商业银行年度报告内容与格式特别规定》（中国证监会 2000 年颁布）披露要求、《商业银行信息披露暂行办法》（中国人民银行 2002 年颁布）披露要求之间的差距，表明中国上市商业银行信息披露基本能满足国内相关披露要求，但仍存在一些差距。一是风险披露不足，对面临的风险及相应对策分析较简单，除深圳发展银行外，各银行未说明前一期末披露的风险因素对本年造成的损失。二是受数据、分析能力限制，风险定量分析不足，侧重于定性说明。三是部分银行对呆账核销政策是否变化未作说明。四是部分银行对无形资产的计价和摊销政策等项目未作披露。

3. 上市商业银行相关会计标准与国际会计准则基本相同

自2000年起，上市商业银行在聘请境内会计师事务所对其按国内会计标准编制的财务报表进行审计的同时，需聘请境外会计师事务所对其按照国际财务报告准则编制的财务报表进行审计。两份报表的差异情况表明，近年来，随着中国会计准则、会计政策的不断完善，国内会计准则和国际会计准则之间的差异已经在逐渐缩小，目前已基本相同，但仍存在一些差异。从总体上看，国内会计标准更为谨慎。

从近几年披露的上市商业银行净利润的差异情况看，按国内、国际会计标准编制的财务报表之间的差异金额有正有负，差异率不断缩小。特别是近三年来，差异率均较小，且较稳定。上述情况表明，中国上市商业银行现行会计标准与国际会计准则的差异已很小。

对差异形成原因的进一步分析，反映出国内会计标准与国际会计准则的差异主要存在于金融衍生工具的计量、开办费的摊销、可转换债券和所得税的会计处理上（表5－2）。

表5－2　上市商业银行中外会计标准差异

差异项目	中国会计标准	国际会计准则
金融衍生工具的计量	金融衍生工具交易的未交割金额在表外列示，相关损益在衍生金融工具到期交割时确认	以公允价值列示
开办费	发生时在开办费科目归集，在开始生产经营当月一次摊销	发生时确认为当期费用
可转换债券	按实际发行价格确认负债，发行价格与面值的差额作为折价或溢价在债券存续期内摊销，不确认可转换期权的价值	发行时，按同类不含有可转换期权的债券的市场利率确认本金和利息的公允价值，并在到期或转换前按摊余成本列示，可转换期权的价值在权益中单独列示
待出售的证券	按成本与市价孰低法计量，收益按照收付实现制确认	待售投资以公允价值计量，产生的未实现损益直接确认为当期损益

资料来源：根据各上市商业银行2004年年度报告整理。

4. 上市证券公司相关会计标准与国际会计准则基本相同

与上市商业银行类似，上市证券公司国内会计标准与国际会计准则也基本相同，但仍存在一些差异，主要表现在（表5－3）：一是受托理财收益。国内会计标准以受托资金购买的债券按成本与可实现净值孰低计量；根据国际会计准则，以受托资金购买的投资确认为集团自身为交易而持有的投资，按公允价值计价，其公允价值变动引起的已实现及未实现盈亏均反映在当期的利润表中。二是受托资产管理收益。国内会计标准规定受托资产管理收益在与委托单位结算时一次性计入损益；按照国际会计准则，采用权责发生制核算。三是可供出售的投资与自营证券。国内会计准则要求准备出售的投资和自营证券按成本与市价孰低计量；根据国际会计准则，准备出售的投资和自营证券以公允价值列示。

表 5－3　上市证券公司中外会计标准差异

差异项目	中国会计标准	国际会计准则
受托理财收益	成本与市价孰低法	公允价值计量
受托资产管理收益	收付实现制	权责发生制
投资收益	成本与市价孰低法	公允价值计量
自营证券	成本与市价孰低法	公允价值计量
开办费	先归集，开始生产经营月一次摊销	发生时确认为当期损益

资料来源：根据宏源证券、中信证券 2004 年年度报告整理。

（二）非上市金融机构会计标准逐步完善

1. 非上市金融机构透明度逐步提高

信托投资公司经过多次整顿后，按照中国银监会最新制定的《信托投资公司信息披露管理暂行办法》，首批 30 家试点公司已于 2005 年 4 月底披露 2004 年年度报告，2008 年 4 月底前所有信托投资公司都将完成信息披露工作。可以预见，信托投资公司透明度的提高有助于整个行业的健康发展。证券公司也正按中国证监会的有关要求，分步骤公开披露年度报告。非上市金融机构透明度的逐步提高，将增强公众对非上市金融机构的信心。

2. 实行新的会计核算办法，有助于控制金融风险

这方面突出表现在信托业务会计标准上。根据 2005 年 1 月 5 日正式实施的《信托业务会计核算办法》，对信托项目应以持续经营为前提，独立核算信托财产的管理运用和处分情况；各信托项目应单独记账、单独核算、单独编制财务报告；不同信托项目在账户设置、资金划拨、账簿记录等方面应相互独立。该核算办法体现了信托财产与委托人未设立信托的其他财产相区别、不同委托人的信托财产分别管理的信托制度特点。这有助于控制信托业风险，维护金融稳定。

三、金融机构会计标准需要关注的方面和改革方向

一是提高非上市金融机构会计标准的质量。除上市金融机构外，其他金融

机构目前执行1993年生效的《金融企业会计制度》以及具体行业会计标准。上述制度的一些规定相对滞后，不能充分满足金融机构风险管理的需要。

二是提高非上市金融机构的透明度。非上市金融机构不公开信息，会在一定程度上掩盖呆账准备金不足、资产质量不高、利润虚假等问题，不利于推动金融机构合理、有效配置资源及全面控制经营风险。因此，应逐步建立非上市金融机构的信息披露制度，定期向利益相关者披露信息。

三是完善贷款损失准备制度。贷款损失准备是金融机构为抵御贷款风险而提取的用于金融机构到期不能收回的贷款损失的准备金。科学的贷款损失准备制度能更好反映金融机构的资本充足率和盈利状况。《金融企业会计制度》、《银行贷款损失准备计提指引》和财政部发布的相关金融企业呆账准备金提取管理办法对贷款损失准备计提的规定，构成中国商业银行现行的贷款损失准备制度。但是，以上制度计提范围的不一致、制度本身未充分体现经济周期的特点、作为计提基础的贷款五级分类制度不健全以及税收制度对损失类贷款核销限制过多等因素，影响了金融机构科学合理计提贷款损失准备。因此，应进一步完善贷款损失准备制度，促使商业银行拨备充足，有效防范信贷风险。

四是借鉴国际会计准则，进一步完善金融机构新兴业务会计标准。目前，中国金融机构的业务仍集中于传统领域，衍生金融工具等新兴业务种类较少，交易规模较小，因而制定相关会计标准的难度较大，存在确认、计量的技术困难和风险。考虑到衍生金融工具等新兴金融业务所具有的高风险性以及可能带来的破坏性，有必要结合该类业务发展现状，尽快解决国内会计标准这方面相对滞后的问题，加强对该类金融业务的风险控制。最近出台的《金融工具确认和计量暂行规定》已在此方面迈出可喜的一大步。

五是加大对会计标准执行情况的监管力度。目前国内上市金融机构及非上市金融机构在执行会计标准方面存在一些问题，例如，5家上市商业银行对贷款五级分类、呆账准备金计提等的具体把握尺度仍不尽一致。因此，必须强调对会计标准实际执行情况的监管，以避免因部分金融机构执行会计标准过于宽松引发金融风险，进而危及整个金融体系。

信用环境

信用环境是指影响信用交易发生和信贷资源配置效率的法律、制度和文化环境。其中，法律环境主要指金融法律体系与执法建设的提高和完善，主要目的是解决债权人权利保护的问题；制度环境主要指直接服务于金融机构和金融市场的征信体系的建立和完善，目的是通过信用信息共享来防范金融风险、保持金融稳定和促进金融发展；文化环境主要指与现代经济和金融发展相适应的现代信用文化，目的是以制度促进企业和个人重视自己的信用行为，这对提高全社会诚信意识有着十分重要的意义。

一、信用环境与金融稳定

一是良好的信用环境有利于保障信贷交易的公平，保护债权人和债务人的合法权益，有助于金融机构从源头控制信用风险。

二是良好的信用环境尤其是征信体系的建立健全，有利于金融机构识别、防范信用风险、改进资产质量，提高信贷市场效率。征信在本质上是信贷信息服务，在形式上表现为信用记录、信用调查、信用评分和信用评级等服务，其目的是为贷款机构提供有关企业和个人的可靠信用信息。实践表明，发展征信体系有助于商业银行降低不良贷款。导致商业银行产生不良贷款的因素很多，贷款机构缺乏可靠途径获得借款人全面、真实的信用信息是重要原因之一。

三是良好的信用环境有利于解决中小企业和个人融资难的问题。中小企业和个人融资难一直是中国市场经济发展中的一个突出问题。这一问题的症结之一是缺乏征信体系，无法度量和防范中小企业和个人的信用风险。发展个人和企业征信，有助于商业银行降低信息收集和信用风险管理成本，增强对中小企业和个人信贷支持能力，促进经济金融的全面发展。

四是有效可靠的征信体系有助于降低贷款机构对借款人进行资信调查的成本。贷款机构可以根据风险程度合理定价，扩大贷款对象范围，缓解信贷市场逆向选择问题，为金融稳定创造有利的外部环境。

二、信用环境建设的现状

近年来，中国的信用环境逐步改善，主要表现在以下三方面。

（一）债权人权利得到法律确认和保护

《民法通则》、《合同法》、《担保法》等法律逐步确立了对各种类型财产权的保护，明确了担保权人在担保物上的优先权；同时，司法机关通过制定司法解释、加大案件执行力度等方式切实保障了债权人权利，促进了信贷市场的健康发展。

（二）中国企业和个人征信体系建设取得进展

一是征信行业得到初步发展。自 20 世纪 80 年代以来，在中国部分地区，以商业银行或其他组织为发起人，陆续成立了一些资信调查和资信评估公司。2000 年 7 月 1 日，在中国人民银行的积极参与和支持下，上海市率先开展了个人信用联合征信的试点工作。国外一些知名征信机构也对中国征信市场表现出浓厚兴趣并已开展业务，个别机构的企业征信业务量已经具有相当规模。

二是征信管理职能明确。2002 年，国务院成立由中国人民银行牵头、17 个部委和 5 家商业银行组成的“建立企业和个人征信体系专题工作小组”，研究建立中国企业和个人征信体系的总体方案，起草《征信管理条例》和征信发展行业标准。2003 年，中国人民银行根据国务院赋予的职责和中央机构编制委员会办公室下达的“三定”方案内设征信管理局，强化了中国人民银行“管理信贷征信业，推动社会信用体系建设”的职能。

三是征信基础数据库初步建立。中国人民银行自 1997 年开始筹建，并在 2002 年底形成了全国统一的银行信贷登记咨询系统。该系统覆盖了中国境内现有的所有贷款机构，近年来功能和服务不断加强，在重大案件查处中也发挥了重要作用，已经成为贷款机构防范金融风险、降低信贷成本、提高贷款效率的重要工具，同时服务于货币政策和金融监管。目前，银行信贷登记咨询系统的升级工作已经启动，目的是以现有系统为基础，扩大采集数据和产品种类以及系统功能，将系统升级、改造成全国统一的企业信用信息基础数据库。截至 2004 年底，该系统已经录入近 435 万多户借款机构，人民币贷款余额超过 15 万亿元，占同期金融机构人民币贷款余额的 87%，月均查询 149 万余次。根据 500 家信息监督员对金融机构问卷调查汇总，2004 年贷款机构通过查询该系统共否决信贷申请 1.5 万余笔，否定有潜在风险的贷款 941 亿元，占金融机构受理信贷金额的 2.9%。目前商业银行已将查询该系统作为贷前审批的固定程序。

2004 年 12 月中旬，全国统一的个人信用信息基础数据库在部分城市投入试运行，2005 年底将实现全国联网运行。个人信用信息基础数据库是各商业银行的信用数据信息的共享平台，主要采集和保存个人在商业银行的借款、还款、信用卡、担保等信用信息，以及相关的身份识别信息，并向商业银行提供个人信用信息联网查询服务，满足商业银行防范和管理信用风险的需求。个人信用信息基础数据库是中国征信体系建设的重要基础性工作，不仅有利于商业银行之间共享个人客户信用信息、防范消费信贷风险，而且有利于促进个人信贷的稳定发展。通过该数据库积累个人信用记录，对改善金融生态环境和提高国民信用水平有着十分深远的意义。

（三）现代信用文化建设初见成效

当前，中国正积极推进现代信用文化的制度和体制建设。重视个人信用记录、按时缴纳公用事业费用及偿还银行借款正逐渐成为大众积累信誉财富的方式。同时，现代信用文化的失信惩戒作用正在显现。

三、信用环境建设需要关注的方面

当前中国信用环境正在逐步改善，但还需关注以下几个方面。

一是对信用体系建设的认识不统一。对社会信用体系建设的基本概念、功能和建设思路等存在不同认识，制约了征信立法和征信体系建设的进展。就基本概念而言，混淆了“诚信”、“信用”和“守法”，忽视了政府公共信息共享与商业交易信息共享的本质差别。

二是信息建设标准化滞后。随着电子技术的迅猛发展，中国各个行业、部门和地区都在进行办公自动化和信息电子化的建设，将过去纸质文档电子化并建库储存。这是信息化社会征信业发展的必要条件，也是建立现代化征信体系的基础。但是，各部门在建设本部门的业务和信息系统时，在信息标识、基础技术等方面缺乏统一标准，造成了各系统之间信息交流和共享的困难。

三是缺乏具有公信力的市场化机构。征信涉及个人隐私和商业秘密，影响提供数据信息的贷款机构的竞争优势。因此，征信业发展的前提条件之一是数据提供者（贷款机构）充分信任征信机构。但是，征信本身又是一个服务行业，竞争和市场化运行是保证服务效率的前提条件。就目前中国实际情况而言，征信机构市场化还处于发展初期，很难做到公信力与效率的统一。

四是征信业务活动不够规范，缺乏必要的监管。一些征信机构、征信从业人员缺乏必要的资质资格，难以对客户信用状况作出科学的分析和评估，迫于竞争压力，甚至出现了竞相压价、擅自提高客户信用等级来吸引客户的现象。同时，征信法规的缺位必然造成征信监管的缺位，长此以往，将会严重影响征信业的健康发展。

四、信用环境的完善与发展

形成以道德为支撑、产权为基础、法律为保障的社会信用制度，核心是建立和健全企业和个人征信体系，它不仅是现代金融体系运行的基石，也是建设现代市场体系的必要条件，是市场经济是否走向成熟的重要标志。完善和发展中国信用环境，首先要增强全社会的信用意识；其次要按照完善法规、特许经营、商业运作、专业服务的方向，加快建设企业和个人信用服务体系；再次要建立信用监督和失信惩戒制度；最后要逐步开放信用服务市场。主要包括以下内容。

一是完善立法，严格执法，加强对债权人的法律保护。修改《企业破产法》，尽快出台《物权法》，保护债权人的合法权益，对企业形成有效的市场约束。严格执法，强化对债权人的司法保护，提高金融纠纷案件的审结率和执行率，依法打击逃废债务的行为。

二是鼓励地方政府加强信用建设，充分发挥地方政府的积极性。地方政府可以采取以下措施，积极加快本地区信用体系的建设。一方面可积极采取措施，改善本地区执法环境，提高法院判决的执行率，保护金融机构等债权人的合法权益；另一方面，加强对本地区企业和个人诚实、守信的道德教育，减少企业逃废金融债务行为，改善本地区的信用环境。

三是加强信用惩戒制度的建设。依法加大对不讲信用、破坏信用行为的惩戒力度。通过新闻媒体公开曝光，实施停止贷款、停止开户、停止结算等措施制裁逃废债务的行为。

四是加快征信体系建设。第一，尽快出台征信法规，并制定有关配套的实施办法；第二，尽快建成全国统一的企业和个人信用信息基础数据库，形成覆盖全国的信用信息服务网络；第三，构建多层次的社会征信机构体系；第四，加强政府公共信息共享；第五，建立包括政府部门分业监管、行业自律管理在内的较为完整的市场监督管理体系；第六，制定征信行业关键技术标准和实施统一技术标准的制度办法，促进信息共享和征信市场的发展。

五是加强教育宣传工作，进一步培育现代信用文化。坚持正面引导、权利与义务并重和市场主导的原则，达到正本清源、消除公众对信用认识的盲区和误区，加强信贷机构和企业的信用风险意识、培育征信市场和提高社会诚信意识的目标。

洗钱与反洗钱

洗钱活动在助长和滋生犯罪的同时，还扭曲社会资源的有效配置，破坏金融行业的良性竞争环境，诱发对非法金融服务的需求，扰乱金融秩序。大量的跨境洗钱以及与之伴生的资本流动，会加剧金融市场震荡和宏观经济波动。基于对洗钱危害性的清醒认识，中国政府一贯重视对洗钱活动的打击。1997 年修改的《刑法》将洗钱行为规定为刑事犯罪。2003 年，《中国人民银行法》赋予中国人民银行“指导、部署金融业反洗钱工作，负责反洗钱的资金监测”职责，对金融机构反洗钱工作的监管和资金监测成为中国人民银行维护金融稳定的有力手段。

一、洗钱、反洗钱与金融稳定

洗钱是指隐匿或掩盖犯罪所得的性质、来源、地点或流向，并使其合法化的行为。洗钱是一种或几种上游犯罪的衍生犯罪，通常分为三个阶段：一是放置阶段，就是犯罪收益进入各类金融和非金融体系；二是离析阶段，就是通过各种复杂交易，使分置在各类金融机构和非金融机构的犯罪收益与其最初来源脱钩的过程；三是整合阶段，就是将清洗后的资金与合法资金相混合，使犯罪收益得到合理合法的解释。尽管理论上任何交易都有可能被用来洗钱，但由于金融机构尤其商业银行是现代经济体系中资金流动的中枢，因此，洗钱活动通常发生在金融体系薄弱的环节或地区，并造成严重危害。

洗钱活动对经济发展和金融稳定的影响日益显现。反洗钱工作力度的加强有助于维护金融稳定。

（一）洗钱活动对金融稳定的负面影响

首先，洗钱活动扰乱金融市场。在洗钱活动频发的国家，数额巨大的违法犯罪收入游离于官方统计之外，其流入流出将会严重影响一国的货币供求、利率和汇率的变动，损害金融市场的配置资源功能，降低金融市场的效率。同时，洗钱犯罪活动大多通过地下钱庄和外汇黑市进行交易，极大地扰乱了一国的金融秩序，甚至会引发金融危机，危及金融稳定和经济发展。

其次，洗钱活动危及金融机构安全和信誉。金融机构不但是经营货币的特殊企业，而且可以利用高科技手段为顾客提供高效、优质的金融服务。凭借金融机构这一载体，巨额资金流动可以在很短时间内得以实现，客观上使金融机构成为“洗钱链条”中最重要的环节，成为不法分子大肆洗钱的有效掩体和重要渠道。金融机构一旦从事或被卷入洗钱活动，势必会影响金融机构在公众中的形象和声誉，削弱公众对金融机构的信任，影响其资金来源和经济效益，甚至引发危机。国际商业信贷银行（BCCI）的破产就是例证。

洗钱活动如果得不到有效的遏制，势必会对金融市场及金融机构构成严重威胁，对宏观经济的正常运行和金融稳定产生极为不利的影响。

（二）反洗钱工作的开展有助于金融稳定

第一，完善的反洗钱法律法规、严格的反洗钱监管和有效的反洗钱执法是维护金融稳定的重要基础。健康的金融生态系统的特征就是良性竞争、优胜劣汰，并在发展过程中推动社会整体福利水平的提高。如果缺乏必要的反洗钱措施，各类金融机构追求自身利益的最大化，就会有意或无意地将各种非法资金引入金融体系。这样不仅不利于社会资源配置效率的提高，而且降低了社会整体福利水平。

第二，反洗钱工作力度的加强和反洗钱领域的扩大，将挤压非法金融服务的生存空间。由于大量非法金融活动寄生于正规金融系统，因此加强对正规金融系统的反洗钱监管，将减少非法金融活动利用正规金融系统的可能性。另外，反洗钱工作领域经历了从银行业扩大到金融业、从金融业延伸到高风险的非金融行业的过程。每一次工作领域的扩大，都将一些与金融服务、资金交易关系密切的行业纳入监管，进一步压缩非法资金流动的空间。

第三，科学完善的反洗钱资金监测系统能配合反洗钱司法措施最大程度地挽回资金损失，并能及时发现资金异常流动，防止出现系统风险。以可疑交易监测为核心、以大额交易监测为辅助的资金监测工作是反洗钱工作的基础。通过资金监测体系可以有效发现涉嫌违法的可疑交易，及时采取防范措施，同时，对于已经形成损失的资金，司法部门可以借助资金监测系统的记录，追寻资金流动轨迹，尽可能追回资金以弥补损失。此外，反洗钱资金监测系统还可以发现跨境资金的异常流动、金融控股公司内部的资金异动等情况，为监管机构及时采取风险控制措施提供依据。

第四，良好的反洗钱内控机制有助于金融机构完善公司治理，控制经营过程中的各类风险。健全有效的内控机制是良好公司治理的重要方面，作为内控机制的重要组成部分的反洗钱内控机制，能防止金融机构出现“内部人控制”、避免管理层损害股东和债权人利益。同时，加强反洗钱内控还能使金融机构在日常经营中避免出现道德风险和操作风险所引发的法律风险，保障金融机构的信誉。

第五，健全的反洗钱体系是维护国家在国际金融领域声誉的必要基础。由OECD成员国成立的反洗钱金融行动特别工作组（FATF）从建立之初，一直公布“不合作国家和地区（NCCT）”名单，要求成员国对与NCCT名单上的国家和地区的各种交易进行强化审查，极大增加了NCCT国家和地区开展国际资金往来活动的成本。一些大型国际金融机构为规避风险，对各国反洗钱体系进行风险评级，对与洗钱风险高的国家和地区的交易采取严格控制措施甚至拒绝交易。由此可见，反洗钱体系的完善与否直接关系着一国是否能被国际金融市场所接纳。建立健全反洗钱体系是一国融入经济全球化的必要步骤。

二、反洗钱工作的现状

（一）反洗钱法律制度建设逐步完善

1997年修改的《刑法》，以专门条款规定了洗钱罪。2000年4月1日国务院发布了《个人存款账户实名制规定》。2001年12月29日，全国人大常委会通过的《刑法修正案（三）》修订了《刑法》第一百九十一条，将恐怖主义犯罪列为洗钱犯罪的上游犯罪，并对单位犯洗钱罪增加了情节严重的规定，提高了单位犯罪的法定刑。2003年1月，中国人民银行发布了《金融机构反洗钱规定》、《人民币大额和可疑资金支付交易报告管理办法》和《金融机构大额和可疑外汇资金交易报告管理办法》，首次明确提出了反洗钱行政管理制度，全面建立了以银行业为核心的反洗钱管理制度。2003年修改的《中国人民银行法》以国家立法的形式，确立了中国金融领域反洗钱行政管理制度的基本框架，规定“指导、部署金融业反洗钱工作，负责反洗钱的资金监测”是中国人民银行的法定职责；明确中国人民银行执行有关反洗钱规定的职责，有权对金融机构以及其他单位和个人的行为进行检查监督，对违反洗钱规定的行为，有权给予警告、没收违法所得及罚款。

2004年3月22日，由全国人大常委会预算工作委员会牵头启动了中国反洗钱法立法起草工作。同时，立法机关正在研究修改《刑法》中关于洗钱犯罪的条款，扩大洗钱犯罪的上游犯罪范围，以适应防范和打击洗钱犯罪的需要。

（二）反洗钱工作协调机制初步建立

反洗钱工作涉及众多政府部门和机构的职责，需要各政府部门、行业监管机构和自律组织的共同参与和全社会的支持。2002年5月，国务院批准建立了由公安部牵头，最高人民法院、最高人民检察院、财政部和中国人民银行等

16 个部门参加的反洗钱工作部际联席会议制度。2003 年 5 月，国务院批准由中国人民银行承担原由公安部承担的组织国家反洗钱工作的职责。2004 年 4 月，中国人民银行召开了金融监管机构反洗钱工作座谈会，建立了由中国人民银行牵头，银监会、证监会、保监会和外汇管理局参加的金融监管机构反洗钱协调机制。2004 年 6 月，中国人民银行请示国务院充实反洗钱工作部际联席会议成员单位，充实后的反洗钱工作部际联席会议成员单位增加到 23 个部门。2004 年 8 月 27 日，反洗钱工作部际联席会议第一次工作会议通过《反洗钱工作部际联席会议制度》，该制度于 2004 年 12 月经国务院同意印发执行。反洗钱工作部际联席会议作为政府部门间的协调反洗钱工作机制，为中国跨部门反洗钱协作提供了组织和制度保障。

专栏 14：中国反洗钱工作部际联席会议制度

为深入贯彻落实党中央、国务院关于反腐倡廉、打击经济犯罪的一系列指示精神，有效防范和打击洗钱犯罪，维护国家政治、经济、金融安全和正常的经济秩序，根据国务院领导同志批示，中国建立反洗钱工作部际联席会议制度。

中国人民银行、最高人民法院、最高人民检察院、国务院办公厅、外交部、公安部、安全部、监察部、司法部、财政部、建设部、商务部、海关总署、税务总局、工商总局、广电总局、法制办、银监会、证监会、保监会、邮政局、外汇管理局等 23 个部门为反洗钱工作部际联席会议成员单位。经国务院批准，中国人民银行为反洗钱工作部际联席会议牵头单位。

反洗钱工作部际联席会议在党中央、国务院领导下，指导全国反洗钱工作，制定国家反洗钱的重要方针、政策，制定国家反洗钱国际合作的政策措施，协调各部门、动员全社会开展反洗钱工作。

反洗钱工作部际联席会议原则上每年召开一至两次全体会议，如有需要，经成员单位提议，可随时召开全体会议或部分成员会议。

联席会议的议题包括：传达、贯彻党中央、国务院领导同志关于反洗钱工作的指示精神；研究反洗钱工作的新情况、新问题；讨论需要沟通的政策规定及有关重点工作；交流通报反洗钱工作情况；就有关工作进行协商，并提出落实意见。对反洗钱工作的重大问题，经联席会议研究后，报国务院审定。

反洗钱工作部际联席会议下设办公室，组织开展反洗钱工作部际联席会议日常工作。办公室设在中国人民银行反洗钱局，办公室主任由反洗钱局局长兼任，各成员单位指定一名联络员为办公室成员。

反洗钱工作部际联席会议办公室的职责是：掌握全国各地区和各部门反洗钱工作情况，加强对洗钱活动手法、规律、特点的研究，就反洗钱工作的政策、措施、计划、项目向联席会议提出建议和方案；负责筹备联席会议的召开，督促落实联席会议作出的各项决定，及时通报反洗钱工作情况；统一协调各行业、各部门开展反洗钱工作，逐步实现有关工作信息共享；具体组织协调反洗钱国际合作，负责与国际或区域反洗钱组织、各国政府间的反洗钱合作事项，以及履行有关国际公约的义务。

（三）反洗钱监管工作得到加强

为保证反洗钱制度得到有效执行，措施得到全面落实，中国人民银行于2004年4～8月，组织开展了其履行反洗钱职能以后的第一次全国范围内的反洗钱专项检查，对国有独资商业银行、股份制商业银行和城市商业银行2003年3月1日至2004年2月29日期间的反洗钱工作情况进行了全面检查，发现了一些有关洗钱等经济犯罪案件的有价值的线索，摸清了国内商业银行反洗钱工作的现状、存在的问题以及与国际标准的差距，增强了商业银行对反洗钱工作的认识，提高了反洗钱制度的执行效果。在此次检查中，共有18个省（自治区、直辖市和计划单列市）的中国人民银行分支行对72家商业银行的主报告行进行了处罚。

（四）反洗钱资金监测分析作用显现

2004年4月，经国务院批准，中国人民银行建立了中国反洗钱监测分析中心，集中收集、处理和分析各类大额和可疑交易信息。反洗钱监测分析中心的建立，推动了本外币交易统一监测分析工作的进展，提高了可疑交易分析的效率和质量。截至2004年12月31日，中国反洗钱监测分析中心共接收本外币数据3 217 227笔、可疑交易报告10 740份，其中通过试运行的大额异常支付监测系统接收商业银行上报的大额支付交易2 824 293笔；接受纸质可疑交易报告10 740份，涉及25个省、市、自治区。中国反洗钱监测分析中心已向中国人民银行反洗钱局移交经分析筛选、初步判定为可疑的交易报告150份。

（五）涉嫌洗钱案件查处成果显著

2004 年初，公安部、中国人民银行、国家外汇管理局联合下发了《关于联合开展打击地下钱庄违法犯罪活动的通知》，部署各地公安机关、中国人民银行和外汇管理部门联合开展打击地下钱庄违法犯罪专项行动，破获了一大批重大案件。截至 2004 年 12 月 31 日，中国人民银行、外汇管理局配合公安机关破获洗钱及相关案件 50 起，涉案金额为人民币 5.7 亿元、美元 4.47 亿元；专项行动期间，共取缔地下钱庄及非法买卖外汇交易窝点 155 个，缴获现金折合人民币 1.1 亿元，抓获犯罪嫌疑人 274 名（表 5－4）。

表 5－4　2002～2004 年打击“地下钱庄”情况统计表

年份	取缔地下钱庄（个）	收缴赃款、赃物（万元）	抓获犯罪嫌疑人（名）
2002	32	3 000	90
2003	30	10 000	100
2004	155	11 000	274

资料来源：中国人民银行《中国反洗钱报告（2004）》。

（六）反洗钱国际合作日益加深

20 世纪 80 年代以来，中国及时签署、批准并执行了联合国在反洗钱及反恐融资领域的一系列重要法律文件，包括《联合国禁止非法贩运麻醉品及精神药物公约》、《联合国打击跨国有组织犯罪公约》、《联合国制止向恐怖主义提供资助的国际公约》和《反腐败公约》等，并在维护国家主权的前提下，积极要求加入反洗钱国际组织。2004 年 10 月，中国与俄罗斯、哈萨克斯坦、塔吉克斯坦、吉尔吉斯斯坦、白俄罗斯共同作为创始成员国成立了“欧亚反洗钱与反恐融资小组（EAG）”。2005 年 2 月，中国被反洗钱金融行动特别工作组接纳为观察员。

目前，中国已与 32 个国家签署了刑事司法协助条约，其中 23 个条约已经生效。与俄罗斯、泰国、蒙古等 21 个国家缔结了双边引渡条约，其中 16 个条约已经生效。上述条约均适用于反洗钱领域。

三、反洗钱工作需要关注的方面

1990 年，反洗钱金融行动特别工作组（Financial Action Task Force on

Money Laundering，FATF，是西方七国为专门研究洗钱的危害、预防洗钱并协调反洗钱国际行动而于1989年在巴黎成立的政府间国际组织）制定了旨在打击洗钱的“40项建议”，并在1996年和2003年对“40项建议”做了两次修改。2001年10月，反洗钱金融行动特别工作组制定了专门针对打击恐怖融资的“8项特别建议”，并于2004年10月通过了打击恐怖融资的“第9项特别建议”。反洗钱金融行动特别工作组关于打击洗钱的“40项建议”和打击恐怖融资的“9项特别建议”，即所谓的“40+9项建议”，共同构成了反洗钱和反恐融资的国际标准。FATF的“40+9项建议”提出了反洗钱法律制度的基本原则和要求，为世界各国和地区以及相关国际组织的反洗钱工作提供了基本框架。尽管各国在实施“40+9项建议”时可根据各自的实际情况和法律制度拥有一定的灵活性，但是，FATF要求各成员国家的反洗钱法律制度必须满足“40+9项建议”中核心条款的要求。

与反洗钱的国际标准“40+9项建议”相比，中国还存在一些差距。“40项建议”里最核心的是第一条、第五条、第十条和第十三条。第一条要求各国法律必须扩大上游犯罪，第五条要求金融机构对客户作尽职调查，第十条规定金融机构要完善地保存交易资料。目前国内的要求并不低于FATF的要求，但执行情况还有差距，如机构法人开户资料不全，个人交易记录保存得不够完整。第十三条要求报告可疑交易。国内的银行机构已经从2004年开始报告可疑交易，但数量较少。

四、反洗钱工作的完善与发展

（一）完善反洗钱制度体系

完善的反洗钱制度体系包括以下方面：一是较完备的反洗钱法规体系。需要尽快完成《反洗钱法》立法，确定国家相关部门在反洗钱工作中的分工与合作机制及其相应的权利、义务和工作程序。加快对《刑法》关于洗钱罪规定的修改，扩大上游犯罪的范围，完善洗钱罪的定罪标准。二是较完备的反洗钱监管制度。反洗钱监管范围应由银行业金融机构扩大到证券业、保险业在内的所有金融机构，并包括对拍卖行等高风险非金融行业的反洗钱监管。为此，中国人民银行需要协调相关部门，修改完善银行业反洗钱规章，并着手起草证券业、保险业以及非金融行业反洗钱规章，争取尽快建立一套涵盖整个金融行业的反洗钱监管制度体系。三是被监管机构较完备的反洗钱内控制度。目前，国内商业银行根据自身的业务特点，已开始着手建立有针对性的反洗钱内控制度，从而最大限度控制业务经营过程中的洗钱风险。

（二）提高资金交易收集分析和反洗钱执法工作水平

目前，反洗钱资金监测分析系统已经建成并开始运转，但需进一步优化，不断丰富和完善系统功能，简化信息收集程序，降低系统运行成本，以提高系统工作效率和分析质量。同时，公安部门和中国人民银行要加强在洗钱案件调查方面的合作，共享双方各类信息，积极探索一套成熟的、操作性强的洗钱案件调查方法，从而更加有效地打击洗钱犯罪。

（三）切实加强反洗钱监管

对反洗钱规定执行情况进行检查监督，是反洗钱工作的基本手段和必要措施。中国人民银行已将反洗钱检查工作列为 2005 年各分支机构的日常工作，力求通过对金融机构反洗钱工作开展经常性、不间断的监督检查，严格处罚违规行为，促使金融机构在反洗钱违规的巨额成本和反洗钱收益间进行权衡，从而达到推进金融机构改善反洗钱内控机制的目的。

（四）加强反洗钱国际合作

反洗钱国际合作是反洗钱工作的重要组成部分，中国已全面启动接受 FATF 评估的准备工作。通过全面加强反洗钱工作，缩小与 FATF 加入标准的差距，达到 FATF 的评估要求，尽快成为 FATF 的正式成员，从而能在金融监管、情报合作、司法互助等更多领域全面加强反洗钱国际合作，更有效地防范和打击洗钱行为并维护中国利益。

金融安全网

金融安全网是指为保持金融体系稳健运行而建立的金融风险防范和化解的一系列制度安排，通常包括审慎的金融监管、中央银行的最后贷款人职能和存款保险制度三项内容。在中国，由于证券市场历史遗留的风险较严重，有关部门已初步建立证券投资者保护基金，保险保障基金也已建立，所以金融安全网的建设已不限于存款保险制度，还应包括为维护证券及保险市场稳定的证券投资者保护制度和保险保障制度。我们将存款保险制度、证券投资者保护制度和保险保障制度统称为投资者保护制度，它与审慎监管、中央银行的最后贷款人职能共同构成中国的金融安全网的基本要素。目前，中国金融安全网建设已经取得了较大进展。在此基础上，需要进一步加强审慎的金融监管，推动有关部门间的监管协调和信息共享，完善中国人民银行的最后贷款人职能，并建立健全银行业、证券业和保险业的投资者保护制度。

一、金融监管

有效的金融监管有利于完善金融机构公司治理、促进金融机构稳健经营，是维护金融稳定的重要制度保证。在中国，需要进一步完善银行业、证券业、保险业的监管制度，建立健全中央银行、财政部门与金融监管机构之间的协调机制，提高金融监管水平，防范和化解金融风险，维护金融稳定。

（一）金融监管的现状

金融监管是指对金融机构和金融市场实施监督管理，旨在保护存款人、证券投资者和被保险人的合法权益，确保金融体系稳定，避免金融风险对经济和社会造成危害。金融监管既包括分别对单类金融机构和金融市场的监管，也包括对金融机构和金融市场的系统监管。对单类金融机构和金融市场的监管通常是对金融机构的市场准入、持续性经营和市场退出，以及对金融市场的公开、公平和公正的运行进行监管，促使金融机构稳健经营和金融市场有效运行。一般来说，银行、证券、保险监管机构是履行这些监管职能的主要机构。系统监管则着眼于整个金融体系，防止因个别金融机构和个别市场的风险传染而引发系统风险。中央银行通常是履行系统监管职能的主要机构。为维护金融稳定，许多国家积极寻求建立中央银行与金融管理机构之间，以及监管机构之间有效的监管协调和信息共享机制。

金融监管的有效性不仅取决于完善的金融机构公司治理和有效的市场约束，而且还取决于良好的监管理念、明确的监管目标、适当的监管体制和监管方式、连续的监管政策、具有公信力和权威性的监管机构等。在总结金融监管的国际经验和教训的基础上，国际货币基金组织最近提出了金融监管治理的概念，重点是界定和规范金融监管机构对金融机构和金融市场进行管制、监督和干预的行为。

近年来，中国在明确监管理念、完善监管体制和监管法律制度、改善监管手段、提高监管专业性和科学性等方面取得较大进展。

专栏 15：金融监管治理

金融监管治理（Financial Regulation Governance）的主要目标是规范监管机构的行为。金融监管治理可以从独立性、问责制、透明度和操守四个维度来分析。

1. 独立性（Independence）。赋予监管机构相当程度的独立性，使其避免受到政治层面和被监管机构的影响，这对于实现良好的监管治理非常重要。监管独立性通常包括：规制权独立性、监督权独立性、机构独立性、预算独立性等。监管独立性可以进一步区分为目标独立性和工具独立性。政府可以设定监管目标，但监管机构要能够独立决定如何实现监管目标。一般地，讨论监管独立性是指工具独立性。

2. 问责制（Accountability）。监管的独立性离不开问责制。在独立性和问责制之间并不存在矛盾，相反，二者是互相促进的。没有问责制，独立性就不可能实现。问责制对于确保监管机构依法行使职权、履行职责具有重要意义。问责制意味着监管机构要对作出的所有决策给出合理解释，同时，监管机构不仅要对赋予其职责的政府或立法机关负责，还要对被监管机构和公众负责。

3. 透明度（Transparency）。金融监管的透明度指有关监管的目标、框架、决策及依据、数据和其他信息等要全面、便捷、及时地告知公众。提高监管的透明度有助于提高监管法规和监管操作的水平，减少市场的不确定性。加强透明度还可以支持监管治理其他目标的实现，提高监管机构的公信力。

4. 操守（Integrity）。监管机构和监管人员要具备良好的操守，无私、忠诚地履行职责，始终如一地追求监管目标。

独立性、问责制、透明度和操守之间是相互影响、相互促进的。独立性和问责制像是一枚硬币的两面。透明度则是确保独立性的有效手段，也是确保问责制有效实施的重要工具。透明度可以通过披露详细的信息更好地保护监管人员，帮助建立和巩固监管诚信。独立性和操守也是相互促进的。例如，对监管工作人员的法律保护以及明确规定监管工作人员的任命和罢免，既可以加强独立性又可以提升诚信。问责制和操守也互为补充，问责制的实施有利于监管人员保持良好的职业操守。

（资料来源：国际货币基金组织。）

银行业监管制度逐步建立和发展。1995 年以前，银行业监管侧重于机构和业务审批。1995 年以后，随着中国金融监管法律体系的初步确立和银行业改革的深化，银行监管也逐步发展和完善。2002 年以来，银行监管逐步从合规性监管向合规性与风险监管并重转变。2003 年，中国政府对金融管理体制作出了重大调整，由中国银监会行使原由中国人民银行行使的对银行、金融资产管理公司、信托投资公司和其他存款类金融机构的监督管理职权及相关职权。中国银监会成立后，进一步明确了监管目标，树立了“管法人、管风险、管内控和提高透明度”的监管新理念。目前，中国已初步形成了以《银行业监督管理法》和《商业银行法》为核心，金融行政法规和审慎监管规章相配套，包括资本监管、资产风险分类、损失准备计提、法人治理、风险管理和内部控制等内容，涵盖从市场准入、持续性经营到市场退出的全过程监管的银行业审慎监管法规体系。同时，非现场监管和现场检查相互补充与配合的持续监管手段不断完善，银行业的风险评价体系和风险预警机制已初步建立。

证券业监管在探索中推进。自 1992 年成立以来，中国证监会不断加强对上市公司、证券机构和证券市场的监管。中国证监会探索从基础制度建设入手，保护投资者的合法权益，稳妥化解市场风险，积极探索建立风险处置的长效机制。同时，注重法制建设和依法行政，提高监管力度，并逐步推动证券业对外开放和国际交流。

保险业监管逐步规范。自 1998 年中国保监会成立以来，规范的保险监管体系逐步建立。近年来，中国保监会积极推进保险行政审批制度改革，完善了保险市场准入机制，促进了保险产品的结构调整。中国保监会加大了现场检查力度，以偿付能力为核心，加强对资金运用的监管。同时，尝试建立了保险保障基金，防范保险业的系统风险。保险业规范运作水平已整体提高。

（二）金融监管需要关注的方面

根据有关国际组织制定并为各国所普遍接受的《有效银行监管核心原

则》、《证券监管目标和原则》和《保险监管核心原则和方法》等，进一步完善我国金融监管体制需要关注以下方面。

一是监管目标需要进一步明确。由于体制和历史的原因，中国金融监管机构往往同时承担行业发展和行业监管的双重职能。监管目标多元化导致监管宽容和管制过度并存。

二是金融监管的有效性亟待提高。金融监管的有效性在很大程度上受外部环境制约。由于社会信用环境较差，会计制度欠缺，社会监督约束较弱，企业公司治理不完善等，金融监管有效性受到限制。

三是金融监管的手段有待进一步加强。目前，金融监管的手段不足，如《证券法》对被调查对象不配合行为规定的法律责任过轻，并且在实际执行中难以实施。证券监管机构执法权限不足，导致监管机构难以及时发现潜在风险和违法行为，证券机构规范运作程度总体滞后。

四是金融监管协调机制仍待探索。在金融综合经营成为全球性趋势的背景下，跨行业、跨市场风险正在成为影响中国金融稳定的新的因素，迫切需要建立金融监管协调机制。

专栏 16：金融监管的国际准则

金融监管的国际准则是衡量中国金融监管体制发展状况的重要标准。对银行机构的有效监管是银行业健康发展的重要保障。1997 年 9 月，巴塞尔银行监管委员会发布的《有效银行监管核心原则》（简称《核心原则》）已成为国际上银行监管参考标准。《核心原则》对有效银行监管的先决条件、发照、审慎法规和要求、持续银行监管手段、信息要求、监管权力及跨境银行业监管等方面进行了详细规定，目的是确保银行机构稳健经营并保持足够的资本以抵御风险。《核心原则》强调监管者必须全面了解银行业务性质，尽可能确保银行妥善管理并能够有足够资源承担各类风险；审查各家银行的风险水平；鼓励银行建立良好的公司治理；努力建设一个有效的、充分竞争的银行体系，使之能以合理的成本提供良好的金融服务。《核心原则》还指出，银行监管是一个动态函数，应适应市场的各种变化并根据新情况定期评估监管政策和做法；监管本身不能也不应保证不出现银行倒闭现象，但对有问题银行应进行适当安排。2003 年底巴塞尔银行监管委员会进一步提出了《巴塞尔新资本协议》。《巴塞尔新资本协议》由三大支柱组成：最低资本要求、监管当局的监督检查和市场纪律。

《巴塞尔新资本协议》将资本充足率与银行面临的主要风险紧密结合在一起，鼓励银行强化管理能力，不断提高风险评估水平。

健全有效的证券监管对于证券市场的发展至关重要。1997 年国际证监会组织通过的《证券监管目标和原则》，总结了各国和地区证券监管机构的监管经验和教训，反映了全球证券市场发展和监管趋势。《证券监管目标和原则》从监管机构的相关原则、自律原则、证券监管执行原则、监管合作原则、发行人的原则、集合投资计划、市场中介原则、二级市场原则等方面对证券监管进行了详细规定。其主要目的是：保护投资者，确保市场公平、有效和透明，减少系统风险。《证券监管目标和原则》强调，为实现监管目标，监管者应要求上市公司完全披露影响投资者投资决策的重要信息；为市场参与者设立最低标准；确保投资者拥有平等的机会使用市场设施和了解市场及价格信息；防止不正当交易，对违约行为必须有给予有效打击的法律安排；确保监管能提高市场效率，等等。此外，证券监管应承认市场竞争的益处，能够促进资源有效配置，促进和允许对风险的有效管理，允许适度的投机套利，但应阻止过度投机。

国际保险监督官协会在 1997 年年会上通过、后经几次补充的《保险监管核心原则和方法》，为评价保险立法、保险监管体系及监管程序提供了一个全球公认的框架。《保险监管核心原则和方法》从监管条件、监管体系、监管对象、持续监管、审慎标准、市场和消费者、反洗钱和反恐融资等方面对保险监管进行了详细的规定。其主要目的是保护被保险人权益，促进保险市场有效、公平、安全和稳定。《保险监管核心原则和方法》强调，有效的保险监管依赖于金融部门监管的政策、制度和法律框架，发展完善且有效的金融市场基础设施，有效的金融市场；要求明确界定保险监管的主要目标；强调监管机构需要法律授予其权力，并以透明和负责的方式运作，这将有助于其树立权威和可信度以及保险市场的高效和稳定。《保险监管核心原则和方法》还指出，各国要根据本国的实际情况执行和运用标准；监管要考虑不断出现的金融集团与金融混业的因素，从而实现有效监管。

（三）研究建立金融监管协调机制

随着中国金融创新步伐加快，交叉性金融产品不断涌现，具有金融控股公司性质的企业集团逐渐增多。为防止出现监管真空，促进金融业的健康发展，在中国目前分业监管体制下，建立中央银行、财政部门与金融监管机构等有关部门之间的金融监管协调机制十分必要。

新修改的《中国人民银行法》规定，“国务院建立金融监督管理协调机制”，“中国人民银行应当和国务院银行业监督管理机构、国务院其他金融监督管理机构建立监督管理信息共享机制”。近年来，中国在研究建立金融监管协调机制方面进行了有益的尝试。2000 年，中国人民银行与中国证监会、中国保监会建立了金融业联席会议制度，制定了三方监管联席会议制度有关规则，并取得较好成效。2003 年，金融监管体制改革之后，三家监管机构签订了《金融监管方面分工合作的备忘录》。有关部门将在国务院领导下，认真总结金融监管协调方面的经验教训，加快建立高效的金融监管协调机制。

二、中央银行最后贷款人职能

作为金融安全网的一个组成部分，中央银行最后贷款人（Lender of Last Resort）职能是指中央银行出于防范系统风险的考虑，对金融机构提供流动性支持。一般来说，中央银行只对有系统性影响、财务状况基本健康、运营正常的金融机构出现的流动性困境提供流动性支持。对可能引发系统风险，但严重资不抵债、无法持续经营的金融机构，通常由政府财政部门采取相应的处置措施。中央银行行使最后贷款人职能要关注以下问题。

一是防范系统风险。系统风险导致金融不稳定，阻碍经济增长，所以在金融危机时期多数中央银行都行使最后贷款人职能。

二是防范道德风险。中央银行行使最后贷款人职能，一般只针对可能引发系统风险的金融机构。对于处于财务困境，但不会引发系统风险的金融机构，中央银行一般不会也不应该介入，而是让破产清算等市场机制正常发挥作用。这样可以促使金融机构的投资者和高管人员承担经营失败责任与成本，增强对金融机构经营活动的市场约束，防范道德风险。

三是注重建立健全投资者保护制度。投资者保护制度的完善是中央银行妥善行使最后贷款人职能的重要保证。例如，由于中国尚未建立完善的投资者保护制度，劳动就业、医疗保障制度也不够健全，中国人民银行在行使最后贷款人职能时，除充分考虑单个金融机构倒闭是否会引发系统金融风险外，还要适当考虑金融机构倒闭是否会导致社会不稳定。这样，中国人民银行在一定程度上行使了公共财政职能。为维护金融稳定，必须推动投资者保护制度的建立健全，协调好最后贷款人职能与建立健全投资者保护制度的关系。

四是加强与货币政策的协调，防止通货膨胀。中央银行行使最后贷款人职能，要尽可能有利于货币政策稳健执行。

完善中央银行的最后贷款人职能，需要有效防范道德风险。理论上说，防范道德风险的办法有：提高流动性支持的贷款利率、以建设性模糊（Constructive Ambiguity）的方式行使最后贷款人职能、鼓励民间资本重组风险金融机构、强化市场约束机制等。在实践上，防范和化解金融风险，维护金融稳定，不能仅仅依靠中央银行行使最后贷款人职能，还需要建立和改善金融机构公司治理和内控机制，加强监管，建立投资者保护制度，完善金融机构市场化退出机制，强化市场机制的约束。

专栏 17：中央银行行使最后贷款人职能时的“建设性模糊”

为防范中央银行行使最后贷款人职能过程中的道德风险，1990 年纽约联储的 E. Cerald Corrigan 提出了“建设性模糊”建议，即中央银行事先向市场宣布，如果银行出现危机，中央银行不一定向银行提供流动性支持，其目的是促使银行谨慎经营。1997 年，巴塞尔十国集团提出了建设性模糊的非正式定义：“各国金融当局应该避免明确表态向任何金融机构提供流动性支持，当局应该回避直接表明在什么时候、什么条件下可以提供这种支持。另外，当作出这种决定时，必须分析是否存在系统风险。如果存在此类风险，则应考虑采取何种措施来应对系统风险的传染，减少给市场约束带来的负面影响。”

1996 年，前国际清算银行的总裁 Crockett 指出建设性模糊的另一个目的是：当一家金融机构因不谨慎经营而出现流动性危机，需要最后贷款人提供流动性支持时，经营者和股东要尽可能承担较多成本。

然而，建设性模糊也有负面影响，即赋予危机管理当局以较大的相机处理权力。与其他领域的经济政策制定者面临的问题一样，相机处理权力会带来时间一致性问题（Time – consistency Problem）。起初危机管理当局可能认为不应向银行提供流动性支持，但危机发生后危机管理当局可能又觉得应向银行提供支持。1997 年，IMF 的研究人员 Charles Enoch，Peter Stella May Khamis 还提出，可以通过采取严格的事后信息披露办法来约束危机管理当局在处理个别案例时的相机处理权力。国际货币基金组织颁布的货币与金融政策透明度良好行为准则，正是朝这个方向作出的努力。

实践中，这种建设性模糊可“惩罚”不谨慎经营管理的金融机构的经营者和股东，有效地防范道德风险。

三、投资者保护制度

为保护投资者权益，增强投资者对金融体系的信心，许多国家均建立了存款保险、证券投资者保护和保险保障等形式的投资者保护制度。世界各国建立的投资者保护制度的方式不尽相同，有的国家分别建立了银行业、证券业和保险业相应的投资者保护制度，而有的国家则建立了三个行业统一的投资者保护制度。现阶段，中国正在建设存款保险、证券投资者保护基金和保险保障基金三种形式的投资者保护制度。

（一）存款保险制度建立条件已基本成熟

自1997年以来，许多存款类金融机构先后被关闭和清算。这些金融机构的清算资产均不足以全额清偿个人债务。国家为了维护社会稳定，采取财政出资（包括地方政府向中央申请专项借款）和直接用中央银行再贷款方式进行处置。这种隐性存款保险制度不仅增加了国家的负担，而且不利于提高投资者的风险意识，并弱化了对金融机构经营活动的市场约束。

建立显性存款保险制度，以存款类金融机构所缴纳的保费来救助问题机构，将缓解政府的压力。同时，取消国家隐性补偿、建立市场化的有限补偿机制，将促使市场主体增强风险意识，根据金融机构的风险状况进行投资决策，充分发挥市场约束作用。存款保险制度根据存款类金融机构风险程度的高低，设置不同的保险费率，有利于形成正向激励机制。

中国建立存款保险制度的内外部条件已初步具备。一是银行业改革的逐步深化为建立存款保险制度奠定了良好的微观基础。当前，国有商业银行股份制改革取得显著成果，深化农村信用社改革试点顺利推进到全国29个省（市、自治区），其他股份制商业银行、城市商业银行、城市信用社、信托投资公司等银行类金融机构的改革也取得了积极进展。中国银行业资产质量正在改善，资本充足率逐步提高，经营更加稳健。二是金融监管体制进一步完善，监管手段不断强化和规范。三是金融法律体系的逐步完善为建立存款保险制度提供了良好的外部法律环境。《中国人民银行法》、《商业银行法》、《证券法》、《会计法》、《担保法》和《公司法》等一系列法律法规构筑了相对完善的法律体系。四是中国银行业的会计标准正在不断改进，逐步与国际接轨。国有商业银行在国际资本市场上市后，将采用国际会计准则和金融监管标准，有利于推动中国银行业实施审慎的会计准则。五是许多国家均已建立存款保险制度，可以借鉴的国际经验比较充分，这有助于中国在设计存款保险制度方面少走弯路，将存款保险制度的负面影响降低到最小程度。六是中国经济多年来保持持续、快速、健康发展，金融体系运行稳健，为建立存款保险制度提供了有利的宏观经济环境。目前，中国人民银行正在会同有关部门深入研究存款保险的各项制度安排，构建正向激励、充分发挥市场约束作用的存款保险制度。

（二）证券投资者保护基金基本建立

由于证券市场持续低迷、证券公司制度建设较为薄弱以及一些历史遗留问题，证券公司多年积累的风险逐渐暴露。2004 年以来，南方证券、新华证券、汉唐证券、闽发证券、大鹏证券等证券公司相继被关闭和清算。一些违规证券公司存在相当大的风险隐患，其挪用客户交易结算资金和有价证券的行为均损害了投资者切身利益，有可能引发挤兑事件，影响社会稳定。在这种情况下，有必要建立证券投资者保护制度，保护中小投资者权益，按照市场原则给予公平补偿，增强投资者的信心。

2005 年 8 月 30 日，中国证券投资者保护基金有限责任公司设立。证券投资者保护基金将按照“取之于市场、用之于市场”的原则，在证券公司被撤销、关闭和破产或被证监会采取行政接管、托管经营等强制性监管措施时，按照国家有关政策对债权人予以偿付。

（三）保险保障基金初步建立

2004 年 12 月，保监会颁布了《保险保障基金管理办法》（简称《管理办法》），以保险保障基金的形式初步建立了保险业投资者保护制度。保险保障基金是按照《保险法》要求，由保险公司缴纳形成的，按照“集中管理、统筹使用”的原则，在保险公司被撤销、被宣告破产等情形下，用于向保单持有人或者保单受让公司等提供救济的法定基金。中国保险保障基金的救济模式有三个显著的特点。一是采取比例救济限额与绝对数救济限额相结合的方式，这种方式能够较好地体现保险利益与损失承受能力之间的关系。二是救济限额符合中国国情，充分保障保单持有人的利益。《管理办法》规定，非寿险保单的救济绝对数限额为 5 万元，损失 5 万元（含 5 万元）以内予以 100% 救济，超过 5 万元的部分，对个人和机构分别给予 90% 和 80% 救济。三是保单持有人拥有“权益转让，先行救济”的选择。如果保险公司被撤销或者被宣告破产，保单持有人在清算结束前可以与保险保障基金签订债权转让协议，由保险保障基金先行向保单持有人支付救济款，保单持有人将其对保险公司的债权让渡给保险保障基金。清算结束后，保险保障基金获得的清偿金额多于支付的救济款的，保险保障基金应当将差额部分返还给保单持有人。保险保障基金的建立进一步深化了保险业改革，有助于建立符合市场化原则的保险公司退出机制。保险保障基金制度可以减轻保险公司市场退出所造成的社会震荡，增强社会公众对保险业的信心。

专栏18：过渡期投资者保护政策——个人债权及客户证券交易结算资金收购意见

为了统一规范个人债权处理原则，保护中小投资者利益，保持证券市场运行的连续性和稳定性，提高投资者风险意识，建立市场约束机制，防范道德风险，2004年10月，中国人民银行、财政部、银监会、证监会联合制定并下发了《个人债权及客户证券交易结算资金收购意见》（简称《收购意见》）。《收购意见》是过渡期间的投资者保护政策安排。

《收购意见》的收购范围包括除保险类机构外的所有被处置（市场退出）金融机构的个人债权和客户证券交易结算资金。其中个人债权包括个人储蓄存款、个人持有的金融机构发行的各类债权凭证、个人委托金融机构运营的财产、个人持有的存放于金融机构相关账户上的被金融机构挪用的有价证券形成的对金融机构的个人债权。

《收购意见》的收购标准是个人储蓄存款及客户证券交易结算资金的合法本息全额收购；对于2004年9月30日（含2004年9月30日）以前发生的收购范围内的其他个人债权，本金10万元（含10万元）以下的全额收购，超过10万元的，超过部分9折收购。

《收购意见》的出台保护了投资者的权益，维护了金融稳定。在尚未建立存款保险制度的情况下，对个人储蓄存款的合法本息全额收购，使储户的储蓄存款受到全额保护。证券公司挪用客户证券交易结算资金造成的损失，是经营者违规经营造成的，理应由证券公司用其资产赔偿。但为了保护投资者的合法利益，保持证券市场运行的连续性和稳定性，在证券投资者保护制度建立之前，对机构和个人的客户证券交易结算资金也予以全额赔付。

《收购意见》的实施也增强了投资者风险意识，有利于金融市场的健康发展。《收购意见》规定，对其他债权，超过10万元的，超过部分9折收购，这是对投资者的风险提示，有助于投资者树立起投资风险自担的意识。

四、加强金融安全知识教育

加强金融安全知识教育，普及金融知识，有助于社会各界树立科学的金融发展观和金融风险观，增强金融法治意识，提高全社会的诚信水平，构建和谐良好的金融生态环境，促进金融创新和金融业的改革发展，维护金融稳定和社会稳定。

金融安全知识教育是一国公共教育的重要组成部分。受体制、历史、文化和发展阶段的影响，不同国家公共教育内容会有所侧重。例如，美国特别重视公众金融知识宣传教育。美联储充分利用各种方式向公众进行金融教育。美联储认为，加强金融知识教育，有利于提高社会公众的经济实力和生活水平，帮助公众作出正确金融决策和选择，防范金融欺诈。与西方发达国家相比，中国金融安全知识教育的目标应当更有针对性，内容更全面。

中国金融安全知识教育可考虑以对公众的风险教育、法治教育和诚信教育为核心内容。在风险教育方面，应让每个投资者了解参与金融活动应承担的风险，使其对自身的行为自觉承担后果。通过培养社会公众的风险防范意识，增强市场约束的力量，正确处理好维护金融稳定与防范道德风险的关系。在法治教育方面，应在全社会大力普及宣传金融法律知识，使社会公众树立金融法治观念，正确判断金融活动的合法性，自觉抵制非法金融机构和非法金融活动，培养合法投资观念。在诚信教育方面，应通过诚信教育培育良好的信用文化和信用环境。

中国金融安全知识教育的对象除了社会公众外，还应包括政府、企业、金融机构以及媒体从业人员，使社会各个层面深入了解金融知识。对金融机构及其从业人员进行金融安全知识教育是强化金融机构风险防范和内部控制的重要措施，是防范和打击金融犯罪、杜绝各种金融违法行为、规避操作风险的有效手段；对企业进行金融安全知识教育，可以改善金融业的外部环境，减少实业风险向金融业的传递；对各级政府及有关部门工作人员进行金融安全知识教育是中国公共教育的重要环节，政府工作人员的金融安全意识直接关系到金融生态环境的好坏。

为维护金融稳定，中国人民银行将大力开展金融安全知识教育，全面启动以投资者教育为核心的金融安全知识普及和宣传工作。通过宣传教育活动，提高社会公众对金融行为是否合法的判断能力，培养社会公众对参与非法金融活动法律后果的正确认识，增强社会公众的风险意识、金融法治意识和诚信观念，为金融业的改革发展创造良好的社会环境。

金融生态环境

维护金融稳定是一项系统工程，需要良好的金融生态环境。目前，金融生态环境对金融稳定的重要性正逐步得到全社会的认知。中国将进一步改善金融生态环境，积极维护金融稳定。

一、金融生态环境的含义和影响因素

狭义上讲，金融生态环境是指金融基础设施及其运行状况，主要包括支付清算体系、法律法规、公司治理、会计标准、征信体系、反洗钱体系，以及由审慎金融监管、中央银行最后贷款人职能、存款保险制度构成的金融安全网等；广义上讲，金融生态环境是指金融体系运行的外部环境，是影响金融体系生存发展的各种因素的总和，包括经济、政治、文化、地理、人口等一切与金融运行相关的方面。

影响金融生态环境的因素很多，包括各地区经济发展水平、经济结构、对外开放程度、历史文化传统、社会习俗乃至地理环境等。中国人民银行行长周小川指出①，导致各地区金融生态环境差异的主要原因包括：一是对银行业务进行行政干预的程度不同；二是在司法和执法方面对维护债权人权益的力度不同；三是商业文化不同，在关系和裙带文化盛行的地方，不良资产比例明显偏高；四是过去商业银行实行贷款规模管理，不利于资金充分流动。此外，过去银行监管大多强调按地方划块，存在着不利于资金流动的现象。不同的金融生态环境会引致地区间的风险差异。

二、金融生态环境与金融稳定

金融生态环境直接影响经济发展和金融稳定。良好的金融生态环境是金融运行的基础条件，有利于金融功能的正常发挥，反之则成为金融业发展的桎梏。

金融生态环境影响宏观经济政策的实施。在良好的金融生态环境中，金融机构能有效传导货币政策意图，有助于提高货币政策的有效性，实现货币政策目标。

---

① 参见周小川行长2004年1月8日在“商业银行风险管理与内部控制”论坛上的演讲。

金融生态环境影响金融机构的投资行为。金融机构通常根据自己的内部评级标准和一个地区的金融生态环境进行信用评级，并据此作出投资决策。

金融生态环境影响金融市场的稳健运行。良好的金融生态环境有利于提高金融市场的透明度，提升市场主体的信用等级，增强投资者的信心，促进金融市场的稳健运行。

金融生态环境影响经济体的竞争力。拥有良好金融生态环境的经济体容易吸引金融机构和资金，有助于提高其竞争力。

三、金融生态环境的改善

金融生态环境建设是一项长期、复杂的系统工程，中国金融生态环境的改善是一个渐进的过程，相关层面的改革要经过相当长的时间才能明显见效，不能期望毕其功于一役。中国将依靠各方面的共同努力，相互配合，稳步推进，改善金融生态环境，维护金融稳定。

第一，树立和落实科学发展观，加强和改善宏观调控，保持币值稳定，促进宏观经济稳定增长。加大经济结构调整力度、加快体制改革和经济增长方式的转变，保持经济平稳运行，防止大起大落。

第二，完善金融法律环境，在加强法制建设的基础上，大力提高执法能力。完善的法律制度和严格的执法，可以改善微观经济主体的行为和预期，有效地保护金融债权，遏制恶意信用欺诈和逃废金融债务行为的发生。中国将继续完善相关立法，综合整顿金融市场秩序，加大打击逃废债的力度，建立良好的保护金融债权的司法和执法体系。特别是需要完善与银行债权保护密切相关的《破产法》和《担保法》，强化债权人在企业破产和重组中的法律地位，特别是赋予债权人主动申请将债务企业破产清偿的权利。

第三，深化改革，特别是继续深化行政体制和国有企业改革，改善银、政、企关系。银企之间应建立平等、互利、互信的新型关系。政府应积极转变职能，通过完善地方法律法规、健全信用管理体系、推进体制改革、培育市场，做好对市场主体的各项社会服务，创造一个良好的金融生态环境。

第四，建立健全符合市场经济要求的金融企业市场退出机制。加快建立和完善存款保险制度、证券投资者保护基金和保险保障基金，以市场化方式保障存款人、证券投资者和投保人的权益，从而有效提高公众的信用意识和风险意识。

第五，提高审计、会计、信息披露标准和实施能力，提升中介机构专业化服务水平。继续做好国际化会计准则在企业的推广和实施工作，鼓励和扶持与金融生态环境密切相关的一系列专业化中介机构的发展，吸收和借鉴国外先进经验和组织形式，严格行业准入和监管标准，形成良好的中介行业道德风范，切实提高信息披露的水平。

第六，建立和完善社会信用体系，培育公众的信用意识，建设良好的信用文化。中国人民银行将会同其他部门，共同采取措施，推动诚信环境建设。在全国范围内大力开展诚实守信教育，建立健全配套的正向激励机制和惩戒机制，培养诚实守信的社会氛围，培育公众的信用意识。加快企业和个人征信体系建设步伐，完善企业信用信息系统，推进个人信用信息基础数据库建设，加强与工商、税务、司法等部门的信息共享。在制定和完善有关信贷征信法规政策的基础上，加强征信业监管。尽快完善政府主导、金融支持、多渠道筹资、操作方式灵活、业务品种多样的中小企业信用担保体系，同时积极支持资产评估、信用评级等各类征信机构的发展壮大。协调推进企业改革，使作为银行贷款主要客户的国有企业真正成为独立的市场主体，为建立健康的银企关系和良好的信贷文化奠定基础。

第七，进一步提升金融机构公司治理理念和金融监管理念，有效保护股东和债权人合法权益，实现股东利润最大化的目标，提高金融监管有效性。

附录一

统计资料

附表 1－1　主要宏观经济指标

（年末余额）

单位：亿元

项　　目	1998	1999	2000	2001	2002	2003	2004
国内生产总值	78 345.2	81 910.9	89 404.0	95 933.0	102 398.0	116 694.0	136 515.0
工业增加值	33 387.9	35 087.2	39 570.3	42 607.0	45 935.0	41 045.0	62 815.0
固定资产投资总额	28 457.0	29 876.0	32 619.0	36 898.0	43 202.0	55 118.0	70 073.0
社会消费品零售总额	29 153.0	31 135.0	34 153.0	37 595.2	40 911.0	45 842.0	53 950.0
城市	17 825.0	19 092.0	21 110.0	23 543.4	25 898.0	29 777.0	35 573.0
县及县以下	11 328.0	12 043.0	13 043.0	14 051.8	15 013.0	16 065.0	18 377.0
进出口总额（亿美元）	3 239.3	3 607.0	4 743.0	5 097.7	6 208.0	8 512.0	11 547.0
出口	1 837.6	1 949.0	2 492.0	2 661.6	3 256.0	4 384.0	5 934.0
进口	1 401.7	1 658.0	2 251.0	2 436.1	2 952.0	4 128.0	5 614.0
差额	435.9	291.0	241.0	225.5	304.0	256.0	320.0
外商直接投资（亿美元）	454.6	404.0	408.0	468.5	527.0	535.0	606.0
外汇储备（亿美元）	1 450.0	1 546.8	1 655.7	2 121.7	2 864.0	4 033.0	6 099.0
居民消费价格指数(上年＝100)	99.2	98.6	100.4	100.7	99.2	101.2	103.9
财政收入	9 876.0	11 444.1	13 380.1	16 371.0	18 914.0	21 691.0	26 355.9
财政支出	10 798.2	13 187.7	15 879.4	18 844.0	22 012.0	24 607.0	28 360.8
赤字或盈余	－922.2	－1 743.6	－2 499.3	－2 473.0	－3 098.0	－2 916.0	－2 004.9
城镇居民人均可支配收入（元）	5 425.0	5 854.0	6 280.0	6 859.6	7 703.0	8 500.0	9 422.0
农村居民人均纯收入（元）	2 163.6	2 210.0	2 253.0	2 366.0	2 475.6	2 622.0	2 936.0
城镇地区从业人员（百万）	206.8	210.1	212.7	239.4	247.8	256.4	264.8
城镇登记失业人数（万）	571.0	575.0	595.0	894.0	770.0	800.0	—
总人口（百万）	1 248.0	1 259.1	1 265.8	1 276.3	1 284.5	1 292.3	1 299.9

注：1997～1999 年度工业数据为国民收入核算体系口径，2000 年度数据为全部国有工业和年产品销售收入在 500 万元以上的非国有工业。

数据来源：国家统计局。

附表 1－2　主要金融指标（一）

（年末余额）

单位：亿元

项　　目	1998	1999	2000	2001	2002	2003	2004
M_2	104 498. 5	119 897. 9	134 610. 3	158 301. 9	185 007. 0	221 222. 8	254 107. 0
M_1	38 953. 7	45 837. 2	53 147. 2	59 871. 6	70 882. 0	84 118. 6	95 969. 7
M_0	11 204. 2	13 455. 5	14 652. 7	15 688. 8	17 278. 0	19 746. 0	21 468. 3
金融机构各项存款	95 697. 9	108 778. 9	123 804. 4	143 617. 2	170 917. 4	208 055. 6	241 424. 3
城乡居民储蓄	53 407. 5	59 621. 8	64 332. 4	73 762. 4	86 910. 7	103 617. 7	119 555. 4
企业存款	32 486. 6	37 182. 4	44 093. 7	51 546. 6	60 028. 6	72 487. 1	84 669. 5
金融机构各项贷款	86 524. 1	93 734. 3	99 371. 1	112 314. 7	131 293. 9	158 996. 2	178 197. 8

数据来源：中国人民银行。

附表 1－3　主要金融指标（二）

（增长率）

单位：%

项　　目	1998	1999	2000	2001	2002	2003	2004
M_2	15. 3	14. 7	12. 3	14. 4	16. 8	20. 0	14. 7
M_1	11. 9	17. 7	16. 0	12. 7	16. 8	18. 7	13. 6
M_0	10. 1	20. 1	8. 9	7. 1	10. 1	14. 3	8. 7
金融机构各项存款	16. 2	13. 7	13. 8	16. 3	18. 9	21. 7	16. 0
城乡居民储蓄	17. 1	11. 6	7. 9	14. 7	17. 8	19. 2	15. 4
企业存款	13. 4	14. 5	18. 6	16. 2	16. 3	20. 8	16. 8
金融机构各项贷款	15. 5	12. 4	13. 4	11. 6	15. 8	21. 1	14. 5

注：由于统计制度的调整，本表增长率是经过调整的可比口径的同期比。

数据来源：中国人民银行。

附表 1－4　国际流动性

单位：百万美元

项　　目	1995	1996	1997	1998	1999	2000	2001	2002	2003	2004
总储备（减黄金）	75 395	107 039	142 762	149 188	157 728	168 277	215 606	291 128	408 129	613 725
特别提款权	582	614	602	676	741	798	851	998	1 080	912
在基金储备头寸	1 216	1 396	2 270	3 553	2 312	1 905	2 590	3 723	3 798	2 432
外汇	73 597	105 029	139 890	144 959	154 675	165 574	212 165	286 407	403 251	609 932
黄金（百万盎司）	12. 7	12. 7	12. 7	12. 7	12. 7	12. 7	16. 08	19. 29	19. 29	19. 29
黄金（折价）	660	637	601	624	608	578	3 093	4 074	4 074	4 074
存款货币银行国外负债	50 666	51 302	51 364	47 919	40 972	38 470	29 220	39 810	45 489	55 655

注：中国人民银行 2001 年 12 月和 2002 年 12 月对黄金和金银占款数据进行了调整。

数据来源：中国人民银行。

附表1－5　黄金、外汇储备

年份	黄金储备（万盎司）	外汇储备（亿美元）	外汇储备比上年增长（%）
1993	1 267	212.0	9.0
1994	1 267	516.2	143.5
1995	1 267	736.0	42.6
1996	1 267	1 050.3	42.7
1997	1 267	1 398.9	33.2
1998	1 267	1 449.6	3.6
1999	1 267	1 546.8	6.7
2000	1 267	1 655.7	7.0
2001	1 608	2 121.7	28.1
2002	1 929	2 864.1	35.0
2003	1 929	4 032.5	40.8
2004	1 929	6 099.3	51.3

注：中国人民银行于2001年12月和2002年12月对黄金储备数据进行了调整。

数据来源：中国人民银行。

附表1－6　金融业资产负债主要项目简表

（本外币）

（2004年12月31日）

单位：亿元

项　　目	余额合计
流动资产	202 262.55
长期资产	199 351.63
固定资产	5 742.68
无形资产及其他资产	5 407.66
资产总计	**412 764.52**
流动负债	194 150.71
长期负债	196 180.73
负债合计	390 331.44
所有者权益	22 266.90
其中：实收资本	14 670.36
少数股东权益	166.18
负债及所有者权益总计	**412 764.52**

数据来源：中国人民银行。

附表 1－7　2004 年银行概览

（季末余额）

单位：亿元

项　　目	第 1 季度	第 2 季度	第 3 季度	第 4 季度
国外净资产	41 388.95	44 919.38	48 362.64	55 348.92
国内信贷	212 393.88	213 923.99	217 476.87	225 261.84
对政府债权（净）	12 313.71	11 239.12	10 761.85	15 495.74
对非金融部门债权	183 133.56	184 029.85	188 187.98	192 983.35
对其他金融部门债权	16 946.61	18 655.02	18 527.04	16 782.75
货币和准货币	231 654.60	238 427.49	243 756.88	254 106.95
货币	85 815.57	88 627.14	90 439.05	95 969.72
流通中现金	19 297.43	19 017.58	20 524.17	21 468.30
活期存款	66 518.14	69 609.56	69 914.88	74 501.42
准货币	145 839.03	149 800.35	153 317.83	158 137.23
定期存款	21 645.35	23 542.04	25 071.91	25 382.15
储蓄存款	111 872.18	113 792.47	115 458.74	119 555.39
其他存款	12 321.50	12 465.84	12 787.18	13 199.69
外币存款	11 700.99	12 009.02	12 338.40	12 129.83
债券	11 804.23	12 542.40	13 541.43	15 203.49
中央银行债券	0.00	0.00	0.00	0.00
实收资本	10 761.83	11 109.57	11 375.53	11 969.42
其他（净）	－12 138.83	－15 245.12	－15 172.74	－12 798.94

数据来源：中国人民银行。

附表 1－8　2004 年国有商业银行资产负债表

（季末余额）

单位：亿元

项　　目	第 1 季度	第 2 季度	第 3 季度	第 4 季度
国外资产	9 704.57	10 863.05	11 325.00	10 736.38
储备资产	13 882.91	14 188.25	14 595.96	15 171.02
准备金存款	12 904.84	13 243.89	13 448.29	14 281.64
库存现金	978.07	944.36	1 147.67	889.38
中央银行债券	4 597.97	5 367.39	4 814.15	6 759.71
对政府债权	9 167.59	9 267.06	9 739.61	11 320.93
其中：中央政府	9 167.59	9 267.06	9 739.61	11 320.93
对非金融机构债权	101 804.33	99 800.23	101 886.37	103 706.95
对特定存款机构债权	5 745.89	5 966.14	6 292.97	7 333.41
对其他金融机构债权	7 931.84	8 059.92	7 954.71	6 362.04
其他资产	11 406.33	11 025.03	10 134.15	11 529.42
总资产	**164 241.43**	**164 537.07**	**166 742.92**	**172 919.86**
对非金融机构负债	134 349.11	137 108.95	139 491.18	142 744.09
活期存款	40 277.31	41 493.29	41 828.28	43 288.80
定期存款	10 817.23	11 564.62	12 433.55	12 407.07
储蓄存款	72 084.67	72 618.52	73 589.56	75 682.31
其他存款	2 388.37	2 523.92	2 550.32	2 571.80
外币存款	8 781.53	8 908.60	9 089.47	8 794.11
对中央银行负债	2 515.53	2 436.88	2 411.65	2 402.27
对特定存款机构负债	148.97	168.37	155.21	170.00
对其他金融机构负债	6 212.68	5 524.09	5 387.48	5 247.39
其中：				
计入广义货币的存款	1 572.65	1 186.61	1 074.64	913.68
国外负债	1 744.62	1 505.04	1 856.46	1 718.66
债券	0.35	0.35	374.02	661.07
实收资本	6 671.96	6 671.14	6 751.19	6 730.88
其他负债	12 598.21	11 122.25	10 315.73	13 245.50
总负债	**164 241.43**	**164 537.07**	**166 742.92**	**172 919.86**

数据来源：中国人民银行。

附表 1－9　2004 年其他商业银行资产负债表

（季末余额）

单位：亿元

项　目	第 1 季度	第 2 季度	第 3 季度	第 4 季度
国外资产	1 253. 72	1 310. 04	1 568. 64	1 672. 05
储备资产	4 329. 40	4 908. 02	4 442. 2	5 778. 29
准备金存款	4 185. 54	4 756. 07	4 244. 19	5 605. 25
库存现金	143. 86	151. 95	198. 01	173. 04
中央银行债券	264. 90	783. 62	1 002. 80	1 596. 78
对政府债权	2 840. 89	2 862. 36	3 015. 37	3 029. 93
其中：中央政府	2 840. 89	2 862. 36	3 015. 37	3 029. 93
对非金融机构债权	26 414. 44	27 186. 33	27 928. 20	28 941. 41
对特定存款机构债权	2 071. 52	2 164. 02	2 327. 57	2 454. 89
对其他金融机构债权	276. 75	276. 86	212. 69	177. 02
其他资产	3 933. 85	4 390. 54	4 218. 03	3 974. 14
总资产	**41 385. 47**	**43 881. 79**	**44 715. 50**	**47 624. 51**
对非金融机构负债	31 175. 80	33 649. 33	34 631. 03	37 133. 10
活期存款	13 133. 85	14 047. 97	13 839. 95	15 242. 55
定期存款	6 260. 03	7 047. 85	7 573. 91	7 771. 04
储蓄存款	6 258. 57	6 588. 32	6 858. 17	7 458. 26
其他存款	3 468. 17	3 857. 31	4 139. 58	4 371. 10
外币存款	2 055. 18	2 107. 88	2 219. 42	2 290. 15
对中央银行负债	107. 14	30. 30	29. 89	15. 48
对特定存款机构负债	105. 65	122. 78	123. 12	118. 91
对其他金融机构负债	4 187. 43	4 009. 51	3 793. 51	3 875. 16
其中：				
计入广义货币的存款	1 069. 55	853. 22	747. 03	671. 72
国外负债	159. 39	174. 81	152. 83	156. 99
债券	34. 25	322. 92	356. 24	519. 46
实收资本	669. 74	847. 20	946. 25	983. 95
其他负债	4 946. 07	4 724. 94	4 682. 63	4 821. 46
总负债	**41 385. 47**	**43 881. 79**	**44 715. 50**	**47 624. 51**

数据来源：中国人民银行。

附表 1－10　2004 年城市信用社资产负债表
（季末余额）

单位：亿元

项　　目	第 1 季度	第 2 季度	第 3 季度	第 4 季度
国外资产				
储备资产	126.47	134.33	138.09	280.89
准备金存款	112.38	119.92	120.06	263.96
库存现金	14.09	14.41	18.03	16.93
中央银行债券	0.06	0.25	0.93	2.14
对政府债权	56.15	52.85	50.85	46.38
其中：中央政府	56.15	52.85	50.85	46.38
对非金融机构债权	887.74	929.92	974.22	1 024.21
对特定存款机构债权	14.34	17.06	18.03	20.51
对其他金融机构债权	4.72	5.45	6.96	6.34
其他资产	351.90	394.61	401.99	419.33
总资产	**1 441.38**	**1 534.47**	**1 591.07**	**1 799.80**
对非金融机构负债	1 256.57	1 334.35	1 390.48	1 588.85
活期存款	389.81	427.73	448.85	555.39
定期存款	133.90	137.97	147.55	170.79
储蓄存款	675.15	712.47	737.79	791.01
其他存款	57.71	56.18	56.29	71.66
外币存款				
对中央银行负债	30.99	32.56	33.32	31.17
对特定存款机构负债	0.11	0.13	0.31	0.51
对其他金融机构负债	2.61	2.32	1.69	1.97
其中：				
计入广义货币的存款				
国外负债				
债券				
实收资本	37.09	39.30	40.22	48.53
其他负债	114.01	125.81	125.05	128.77
总负债	**1 441.38**	**1 534.47**	**1 591.07**	**1 799.80**

数据来源：中国人民银行。

附表 1－11　2004 年农村信用社资产负债表

（季末余额）

单位：亿元

项　　目	第 1 季度	第 2 季度	第 3 季度	第 4 季度
国外资产	19.29	21.55	20.73	21.23
储备资产	2 736.87	2 724.89	2 797.29	4 476.81
准备金存款	2 276.09	2 249.56	2 232.83	4 021.17
库存现金	460.78	475.33	564.46	455.64
中央银行债券	129.39	280.81	366.54	386.77
对政府债权	1 126.23	1 202.01	1 197.58	1 157.81
其中：中央政府	1 126.23	1 202.01	1 197.58	1 157.81
对非金融机构债权	19 168.18	19 885.57	20 213.78	19 748.26
对特定存款机构债权	430.85	462.81	593.29	621.52
对其他金融机构债权	57.54	61.33	68.07	84.18
其他资产	4 724.43	4 806.49	4 386.91	4 516.80
总资产	**28 392.78**	**29 445.46**	**29 644.19**	**31 013.38**
对非金融机构负债	25 474.63	26 426.81	26 517.53	27 348.35
活期存款	4 455.66	4 708.38	4 710.97	4 986.21
定期存款	1 092.98	1 166.03	1 154.78	1 141.83
储蓄存款	19 627.04	20 208.86	20 285.15	20 766.17
其他存款	248.48	292.34	316.04	403.08
外币存款	50.47	51.20	50.59	51.06
对中央银行负债	1 110.51	1 154.19	1 155.74	990.17
对特定存款机构负债	6.53	4.32	2.95	2.95
对其他金融机构负债	49.42	33.78	8.11	27.28
其中：				
计入广义货币的存款	0.84	0.38		0.02
国外负债				
债券	0.05	0.04	0.04	0.04
实收资本	726.95	834.03	890.81	1 443.77
其他负债	1 024.69	992.29	1 069.01	1 200.82
总负债	**28 392.78**	**29 445.46**	**29 644.19**	**31 013.38**

数据来源：中国人民银行。

附表 1－12　2004 年财务公司资产负债表

（季末余额）

单位：亿元

项　目	第 1 季度	第 2 季度	第 3 季度	第 4 季度
国外资产	13.81	13.48	14.29	14.90
储备资产	227.97	246.56	253.51	260.97
准备金存款	227.87	246.46	253.42	260.91
库存现金	0.10	0.10	0.09	0.06
中央银行债券	28.39	90.65	130.68	170.20
对政府债权	423.08	427.92	430.93	313.63
其中：中央政府	423.08	427.92	430.93	313.63
对非金融机构债权	3 048.55	3 135.72	3 335.37	3 464.67
对特定存款机构债权	16.66	29.46	24.25	25.75
对其他金融机构债权	249.90	222.61	243.86	106.17
其他资产	1 016.30	1 153.90	1 095.56	1 379.79
总资产	**5 024.66**	**5 320.30**	**5 528.45**	**5 736.08**
对非金融机构负债	4 159.31	4 427.14	4 663.13	4 877.64
活期存款	1 580.88	1 615.68	1 710.98	1 978.60
定期存款	1 291.68	1 420.53	1 447.87	1 252.70
储蓄存款				
其他存款	1 207.68	1 311.16	1 403.27	1 559.1
外币存款	79.07	79.77	101.01	87.24
对中央银行负债	7.17	5.75	4.72	5.51
对特定存款机构负债	3.31	3.09	3.09	2.53
对其他金融机构负债	29.60	50.64	41.48	21.76
其中：				
计入广义货币的存款		0.86	0.86	0.41
国外负债	1.28	1.10	1.11	0.92
债券				
实收资本	333.68	356.30	364.40	362.45
其他负债	490.31	476.28	450.52	465.27
总负债	**5 024.66**	**5 320.30**	**5 528.45**	**5 736.08**

数据来源：中国人民银行。

附表 1－13　证券市场概况

年　份	1992	1993	1994	1995	1996	1997
境内上市公司数（A、B股）（家）	53	183	291	323	530	745
境内上市外资股（B股）（家）	18	41	58	70	85	101
境外上市公司数（H股）（家）	—	6	15	18	25	42
发行股数（亿股）	68.87	387.73	684.54	848.42	1 219.54	1 942.67
其中：流通股本（亿股）	21.18	107.88	226.04	301.46	429.85	671.44
股票市价总值（百万元）	1 048.13	3 531.01	3 690.61	3 474.28	9 842.39	17 529.24
其中：股票流通市值（亿元）	—	861.62	968.89	938.22	2 867.03	5 204.42
股票交易量（百万股）	3 795.39	23 422.17	201 333.91	70 547.06	253 314.06	256 079.12
股票成交金额（亿元）	681.25	3 667.02	8 127.63	4 036.47	21 332.16	30 721.84
上证综合指数（收盘）	780.39	833.80	647.87	555.29	917.01	1 194.10
深证综合指数（收盘）	241.21	238.27	140.63	113.24	327.45	381.29
投资者账户（万户）	216.65	835.17	1 107.76	1 294.19	2 422.08	3 480.26
平均市盈率						
上海	—	42.48	23.45	15.70	31.32	39.86
深圳	—	42.69	10.28	9.46	35.42	41.24
平均换手率（%）						
上海	—	—	1 134.65	528.72	913.43	701.81
深圳	—	—	583.83	254.52	1 350.35	817.43
国债发行额（亿元）	460.78	381.31	1 137.55	1 510.86	1 847.77	2 411.79
企业债发行额（亿元）	683.71	235.84	161.75	300.80	268.92	255.23
债券成交量（万手）	—	—	—	100 660.50	174 297.17	161 732.38
债券成交额（亿元）	—	—	—	59 367.61	18 039.35	16 476.89
国债现货成交金额（亿元）	7.1276	61.02	468.37	775.20	5 029.24	3 582.75
国债回购成交金额（亿元）	0	0.42	75.78	1 248.52	13 008.64	12 876.06
证券投资基金只数（只）	—	—	—	—	—	—
证券投资基金规模（亿元）	—	—	—	—	—	—
证券投资基金成交金额（亿元）	—	—	—	—	—	—
期货成交总量（万手）	—	890.69	12 110.72	63 612.07	34 256.77	15 876.32
期货成交额（亿元）	—	5 521.99	31 601.41	100 565.00	84 119.16	61 170.66

数据来源：中国证监会。

统计表

单位：亿元

1998	1999	2000	2001	2002	2003	2004
851	949	1 088	1 160	1 224	1 287	1 377
106	108	114	112	111	111	110
43	46	52	60	75	93	111
2 526.79	3 088.95	3 791.71	5 218.01	5 875.45	6 428.46	7 149.43
861.94	1 079.65	1 354.26	1 813.17	2 036.90	2 269.92	2 577.18
19 505.64	26 471.17	48 090.94	43 522.20	38 329.13	42 457.72	37 055.57
5 745.59	8 213.97	16 087.52	315 228.76	12 484.55	13 178.52	11 688.64
215 411.00	293 238.88	475 840.00	315 228.76	301 619.49	416 308.40	582 773.29
23 544.25	31 319.60	60 826.65	38 305.18	27 990.46	32 115.27	42 333.95
1 146.70	1 366.58	2 073.48	1 645.97	1 357.65	1 497.04	1 266.50
343.85	402.18	635.73	475.94	388.76	378.62	315.81
4 259.88	4 810.63	6 123.24	6 898.68	6 841.84	6 981.24	7 215.74
34.38	38.13	58.22	37.71	34.43	36.54	24.23
32.31	37.56	56.03	39.79	36.97	36.19	24.63
453.63	471.46	492.87	269.33	214.00	250.75	288.71
406.56	424.52	509.10	227.89	198.79	214.18	288.29
3 808.77	4 015.00	4 657.00	4 884.00	5 934.30	6 280.10	6 923.90
147.89	158.20	83.00	147.00	325.00	358.00	327.00
203 161.40	170 716.33	197 979.00	204 707.68	329 252.26	620 194.41	504 218.50
21 661.78	18 284.12	19 119.16	20 417.76	33 249.53	62 136.36	50 323.50
6 059.95	5 300.87	4 157.49	4 815.59	8 708.68	5 756.11	2 966.46
15 540.84	12 890.53	14 733.68	15 487.63	24 419.64	52 999.85	44 086.61
6	22	34	51	71	95	161
120.00	510.00	562.00	804.23	1 318.85	1 614.67	3 308.79
555.33	1 623.12	2 465.79	2 561.88	1 166.58	682.65	728.58
10 455.57	7 363.91	5 461.07	12 046.35	13 943.37	27 992.43	30 569.76
36 967.24	22 343.01	16 082.29	30 144.98	39 490.28	108 396.59	146 935.32

附表 1－14 股票市值与 GDP 的比率

单位：亿元，%

年 份	GDP	市价总值	比率	GDP	流通市值	比率
1992	26 638. 10	1 048. 13	3. 93	26 638. 10	—	—
1993	34 634. 40	3 531. 01	10. 20	34 634. 40	—	—
1994	46 759. 40	3 690. 62	7. 89	46 759. 40	964. 82	2. 06
1995	58 478. 10	3 474. 00	5. 94	58 478. 10	937. 94	1. 60
1996	67 884. 60	9 842. 37	14. 50	67 884. 60	2 867. 03	4. 22
1997	74 772. 40	17 529. 23	23. 44	74 772. 40	5 204. 43	6. 96
1998	79 552. 80	19 505. 64	24. 52	79 552. 80	5 745. 59	7. 22
1999	82 054. 00	26 471. 17	31. 82	82 054. 00	8 213. 97	9. 87
2000	89 404. 00	48 090. 94	53. 79	89 404. 00	16 087. 52	17. 99
2001	95 933. 00	43 522. 19	45. 37	95 933. 00	14 463. 16	15. 08
2002	102 398. 00	38 329. 12	37. 43	102 398. 00	12 484. 55	12. 19
2003	116 694. 00	42 457. 72	36. 38	116 694. 00	13 178. 52	11. 29
2004	136 515. 00	37 055. 57	27. 14	136 515. 00	11 688. 64	8. 56

数据来源：中国证监会、国家统计局。

附表 1－15　境内股票筹资额和银行贷款增加额的比率

单位：亿元，%

年　份	境内股票筹资额	银行贷款增加额	比率
1993	314.54	6 335.40	4.96
1994	138.05	7 216.62	1.91
1995	118.86	9 339.82	1.27
1996	341.52	10 683.33	3.20
1997	933.82	10 712.47	8.72
1998	803.57	11 490.94	6.99
1999	897.39	10 846.36	8.27
2000	1 541.02	13 346.61	11.55
2001	1 182.13	12 439.41	9.50
2002	779.75	18 979.20	4.11
2003	823.10	27 702.30	2.97
2004	862.67	18 367.26	4.70

注：境内股票筹资额为 A、B 股筹资额。

数据来源：中国人民银行、中国证监会、国家统计局。

附表 1－16 股票市场概况

年　份		1992	1993	1994	1995	1996	1997
境内上市公司数(A、B 股)(家)		53	183	291	323	530	745
其中：ST 公司数（家）		—	—	—	—	—	—
中小板公司数（家）		—	—	—	—	—	—
境内上市外资股（B 股）（家）		18	41	58	70	85	101
其中：ST 公司数（家）		—	—	—	—	—	—
发行股数（百万股）		7 322.20	32 867.50	63 947.08	76 563.11	111 036.04	177 123.19
其中：中小板发行股数		—	—	—	—	—	—
市价总值（百万元）		104 814.9	354 152.07	369 061.68	347 427.64	984 238.66	1 752 923.70
其中：中小板市价总值		—	—	—	—	—	—
流通总值（百万元）		—	86 162.97	96 890.11	93 821.91	286 704.01	520 442.39
其中：中小板流通市值		—	—	—	—	—	—
成交量（百万股）	合计	3 689.78	22 656.47	101 333.91	70 530.78	253 314.43	256 001.89
	日平均	14.41	87.92	402.12	283.19	1 025.57	1 053.51
	中小板	—	—	—	—	—	—
成交金额（百万元）	合计	68 303.73	362 720.32	812 762.89	403 645.27	2 133 217.43	3 072 183.20
	日平均	266.53	1 407.49	3 225.25	1 618.56	8 636.51	12 642.73
	中小板	—	—	—	—	—	—
平均换手率（%）	上海	—	—	1 134.65	528.72	913.43	701.81
	深圳	—	—	583.83	254.52	1 350.35	817.43
	中小板	—	—	—	—	—	—
平均市盈率	上海	—	42.48	23.45	15.70	31.32	39.86
	深圳	—	42.69	10.37	9.35	35.42	39.86
	中小板	—	—	—	—	—	—
上证指数	开盘	—	802.14	837.70	637.72	550.26	914.06
	最高	1 429.01	1 558.95	1 052.94	926.41	1 258.69	1 510.18
	月日	1992－05－26	1993－02－16	1994－09－13	1995－05－22	1996－12－11	1997－05－12
	最低	292.76	750.46	325.89	524.43	512.83	870.18
	月日	1992－01－02	1993－12－20	1994－07－29	1995－02－07	1996－01－19	1997－02－20
	平均	668.52	1 013.39	674.10	657.80	764.65	1 175.59
	收盘	—	833.80	647.87	555.29	917.02	1 194.10
深证指数	开盘	110.53	241.21	238.28	139.62	112.85	326.33
	最高	312.21	359.44	242.06	169.66	473.02	517.91
	月日	1992－05－26	1993－02－22	1994－01－07	1995－05－22	1996－12－11	1997－05－12
	最低	107.08	203.91	96.56	112.63	105.34	305.81
	月日	1992－01－16	1993－07－21	1994－07－29	1995－12－28	1996－01－22	1997－01－06
	平均	215.76	277.51	165.86	131	224.67	388.16
	收盘	241.21	238.28	140.63	113.25	327.34	381.29

数据来源：上海、深圳证券交易所。

统计表

1998	1999	2000	2001	2002	2003	2004
851	949	1 088	1 160	1 224	1 287	1 377
29	56	61	47	89	99	135
—	—	—	—	—	—	38
106	108	114	112	111	111	110
4	11	11	7	13	14	20
234 535.36	290 885.19	361 339.05	483 835.69	546 299.21	599 794.35	671 473.31
—	—	—	—	—	—	3 223.36
1 952 181.21	2 647 117.52	4 809 094.43	4 352 220.39	3 832 912.86	4 245 771.60	3 705 556.82
—	—	—	—	—	—	41 343.14
574 537.94	821 396.38	1 608 751.96	1 446 317.01	1 248 455.65	1 317 851.70	1 168 863.95
—	—	—	—	—	—	11 996.09
215 246.10	293 238.88	475 838.21	315 228.76	301 619.49	416 308.40	582 773.29
888.39	1 226.94	1 990.96	1 313.45	1 272.66	1 727.40	2 398.25
—	—	—	—	—	—	5 915.87
2 352 731.48	3 131 960.25	6 082 664.99	3 830 518.00	2 799 045.51	3 211 527.00	4 233 394.72
9 710.80	13 104.44	25 450.48	15 960.00	11 810.32	13 325.80	17 421.38
—	—	—	—	—	—	82 263.06
453.63	471.46	492.87	269.33	214.00	250.75	288.71
406.56	424.52	509.10	227.89	198.79	214.18	288.29
—	—	—	—	—	—	617.75
34.38	38.13	58.22	37.71	34.43	36.54	24.23
30.59	36.30	56.04	39.79	36.97	36.19	24.63
—	—	—	—	—	—	31.33
1 200.95	1 144.89	1 368.69	2 077.08	1 643.49	1 347.43	1 492.72
1 422.98	1 756.18	2 125.72	2 245.00	1 748.89	1 649.60	1 783.01
1998-06-04	1999-06-30	2000-11-23	2001-06-13	2002-06-25	2003-04-16	2004-04-07
1 043.02	1 047.83	1 361.21	1 515.00	1 339.20	1 307.40	1 259.43
1998-08-18	1999-05-17	2000-01-04	2001-10-22	2002-01-29	2003-04-07	2004-09-13
1 261.04	1 377.33	1 882.00	1 956.00	1 567.23	1 467.75	1 482.85
1 146.70	1 366.58	2 073.48	1 645.97	1 357.65	1 497.04	1 266.50
382.85	343.29	402.71	636.62	475.14	386.61	377.93
441.04	525.14	654.37	664.85	512.38	449.42	470.55
1998-06-03	1999-06-29	2000-11-23	2001-06-13	2002-06-24	2003-04-15	2004-04-07
317.1	310.65	414.69	439.36	371.79	350.74	315.17
1998-08-18	1999-05-18	2000-01-04	2001-10-22	2002-01-22	2003-11-18	2004-09-13
384.7	407.62	579.61	580.9	455.65	404.08	379.43
343.85	402.18	635.73	475.94	388.76	378.63	315.81

附表1－17　中国债券发行情况汇总表

单位：亿元

年份	国　债			金融债			次级债			企业债		
	发行额	兑付额	期末余额	发行额	兑付额	期末余额	发行额	兑付额	期末余额	发行额	兑付额	期末余额
1990	197.23	76.22	890.34	64.40	50.07	84.88	—	—	—	126.37	77.29	195.44
1991	281.25	111.60	1 059.99	66.91	33.67	118.12	—	—	—	249.96	114.31	331.09
1992	460.78	238.05	1 282.72	55.00	30.00	143.12	—	—	—	683.71	192.76	822.04
1993	381.31	123.29	1 540.74	—	34.29	108.83	—	—	—	235.84	255.48	802.40
1994	1 137.55	391.89	2 286.40	—	13.54	95.29	—	—	—	161.75	282.04	682.11
1995	1 510.86	496.96	3 300.30	—	—	1 708.49	—	—	—	300.80	336.30	646.61
1996	1 847.77	786.64	4 361.43	1 055.60	254.50	2 509.59	—	—	—	268.92	317.80	597.73
1997	2 411.79	1 264.29	5 508.93	1 431.50	312.30	3 628.80	—	—	—	255.23	219.81	521.02
1998	3 808.77	2 060.86	7 765.70	1 950.23	320.40	5 121.13	—	—	—	147.89	105.25	676.93
1999	4 015.00	1 238.70	10 542.00	1 800.89	473.20	6 447.48	—	—	—	158.20	56.50	778.63
2000	4 657.00	2 179.00	13 020.00	1 645.00	709.20	7 383.28	—	—	—	83.00	—	861.63
2001	4 884.00	2 286.00	15 618.00	2 590.00	1 438.80	8 534.48	—	—	—	147.00	—	—
2002	5 934.30	2 216.20	19 336.10	3 075.00	1 555.70	10 054.10	—	—	—	325.00	—	—
2003	6 280.10	2 755.80	22 603.60	4 561.40	2 505.30	11 650.00	—	—	—	358.00	—	—
2004	6 923.90	3 749.90	25 777.60	4 148.00	1 778.70	14 019.30	860.70	—	860.70	327.00	—	—

数据来源：中国人民银行。

附表 1－18　中国保险业发展概况统计表

单位：万元，%

	1999 年	2000 年	比上年增/减	2001 年	比上年增/减	2002 年	比上年增/减	2003 年	比上年增/减	2004 年	比上年增/减
保费收入	13 932 179	15 958 577	14.5	21 093 543	32.2	30 531 391	44.7	38 803 961	27.1	43 181 349.81	11.3
财产险	5 211 215	5 983 900	14.8	6 853 912	14.5	7 782 974	13.6	8 694 049	11.7	10 898 858.9	25.4
人身险	8 720 964	9 974 677	14.4	14 239 631	42.8	22 748 417	59.8	30 109 912	32.4	32 282 490.91	7.2
人身意外伤害	672 549	808 154	20.2	748 358	-7.4	787 138	5.2	995 817	26.5	1 170 697.48	17.6
健康险	365 384	654 806	79.2	615 512	-6.0	1 224 491	98.9	2 419 241	97.6	2 598 770.68	7.4
寿险	7 683 031	8 511 717	10.8	12 875 762	51.3	20 736 847	61.1	26 694 854	28.7	28 513 022.75	6.8
赔款、给付	5 102 436	5 273 572	3.4	5 982 472	13.4	7 067 309	18.1	8 410 137	19.0	10 044 403.34	19.4
财产险	2 802 422	3 058 896	9.2	3 329 309	8.8	4 049 198	21.6	4 763 183	17.6	5 675 226.15	19.1
人身险	2 300 014	2 214 676	-3.7	2 653 163	19.8	3 018 111	13.8	3 646 954	20.8	4 369 177.19	19.8
人身意外伤害	267 270	323 606	21.1	290 011	-10.4	267 322	-7.8	306 473	14.6	394 216.48	28.6
健康险	110 025	129 166	17.4	335 189	159.5	499 370	49.0	699 019	40.0	891 031.9	27.5
寿险	1 922 719	1 761 904	-8.4	2 027 963	15.1	2 251 419	11.0	2 641 463	17.3	3 083 928.81	16.8
营业费用	1 827 345	2 166 086	18.5	2 583 581	19.3	3 143 722	21.7	3 612 184	14.9	4 358 195.9	20.7
银行存款	9 259 787	12 353 827	33.4	19 305 949	56.3	30 262 700	56.8	45 496 683	50.3	49 687 838.81	9.2
投资	8 914 152	13 032 248	46.2	17 125 878	31.4	25 040 608	46.2	38 288 655	52.9	57 119 395	49.2
其中：国债	6 784 880	9 559 535	40.9	7 958 294	-16.8	11 078 479	39.2	14 068 963	27.0	26 517 067.94	88.5
证券投资基金	147 909	1 335 396	802.8	2 089 939	56.5	3 077 758	47.3	4 632 840	50.5	6 731 655.4	45.3
资产总额	**26 040 938**	**33 738 948**	**29.6**	**45 913 431**	**36.1**	**64 940 741**	**41.4**	**91 228 392**	**40.5**	**118 535 464.6**	**29.9**

注：①保费收入、赔款给付、营业费为 1～12 月份数据；

②银行存款、投资、资产总额为 12 月末数据。

数据来源：中国保监会网站 http://www.circ.gov.cn。

附表 1－19　2004 年中国财产保险公司保费收入

单位：万元

项目 \ 指标	保费收入	赔款支出
财产保险	1 886 995.79	892 034.72
其中：企财险	1 339 098.21	692 043.61
家财险	152 771.65	31 464.45
船舶险	195 184.14	94 306.18
航天险	6 535.13	49.36
核电站险	7 816.40	47.70
能源险	29 411.18	12 985.13
飞机及飞机责任险	92 845.65	46 653.15
其他	63 333.43	14 485.14
机动车辆保险	7 460 725.43	4 185 681.34
责任保险	332 408.82	179 078.45
建筑、安装工程险	155 978.46	61 437.55
信用保险	159 576.07	98 801.55
保证保险	12 375.62	16 648.83
货运险	463 318.19	156 345.89
农业保险	39 639.91	28 891.89
其中：种植业	34 972.01	24 330.06
养殖业	4 495.56	4 542.00
其他	172.34	19.83
其他险种	607 073.12	189 310.33
其中：分期付款购车保险	3 561.76	75 420.86
抵押贷款住房综合保险	257 032.30	4 134.74
短期健康险	27 687.82	13 410.98
意外险	315 507.19	94 492.83
其他	3 284.05	1 850.91
合　计	**11 118 091.41**	**5 808 230.54**

注：截止日期为 2004 年底，经过计算整理而成。

数据来源：中国保监会。

附表 1－20　2004 年中国人身保险公司业务统计表

单位：万元

指标 / 项目	保费收入		
	个人业务	团体业务	总计
人寿保险小计	24 094 958.28	4 437 999.33	28 532 957.61
非分红产品小计	8 764 219.65	1 171 795.37	9 936 015.02
定期寿险	53 372.45	17 778.25	71 150.70
两全寿险	3 579 329.48	15 638.42	3 594 967.90
终身寿险	3 732 476.54	39 329.30	3 771 805.84
年　金	1 399 041.18	1 099 049.40	2 498 090.58
分红产品小计	14 561 424.81	3 118 740.34	17 680 165.15
定期寿险	69 865.87	0.00	69 865.87
两全寿险	13 801 647.75	19 393.24	13 821 040.99
终身寿险	363 916.38	132.33	364 048.71
年　金	325 994.81	3 099 214.77	3 425 209.58
投资连接产品小计	469 331.59	59 101.23	528 432.82
万能产品小计	299 982.23	88 362.39	388 344.62
意外伤害保险小计	167 402.02	684 105.55	851 507.57
一年期以内	49 344.25	139 340.54	188 684.79
一年期	118 057.77	544 765.01	662 822.78
健康保险小计	1 948 110.35	682 565.13	2 630 675.48
一年期（及一年期以内）	493 906.20	597 293.55	1 091 199.75
一年期以上	1 454 204.15	85 271.58	1 539 475.73
合　计	**26 210 470.65**	**5 804 670.01**	**32 015 140.66**

注：截止日期为 2004 年底，经过计算整理而成。

数据来源：中国保监会。

附表 1－21　2004 年中国人身保险公司个人业务统计表

单位：万元

项目＼指标	保费收入	赔款支出	退保金	年金给付	满期给付	死伤医疗给付
人寿保险小计	24 094 958.28	0.00	1 804 109.49	1 134 748.05	723 912.64	356 099.27
非分红产品小计	8 764 219.65	0.00	692 668.97	998 323.21	524 932.83	293 863.41
定期寿险	53 372.45	0.00	1 340.53	2 650.88	392.24	13 490.80
两全寿险	3 579 329.48	0.00	269 859.80	337 766.71	446 385.48	72 434.80
终身寿险	3 732 476.54	0.00	124 521.02	412 588.28	61 581.30	182 503.37
年　　金	1 399 041.18	0.00	296 947.62	245 317.34	16 573.81	25 434.44
分红产品小计	14 561 424.81	0.00	1 035 530.39	136 424.84	140 417.93	55 593.07
定期寿险	69 865.87	0.00	2 261.92	11.09	3.31	4 759.66
两全寿险	13 801 647.75	0.00	1 007 552.60	135 447.60	140 404.31	40 719.89
终身寿险	363 916.38	0.00	13 646.30	16.05	1.10	7 965.77
年　　金	325 994.81	0.00	12 069.57	950.10	9.21	2 147.75
投资连接产品小计	469 331.59	0.00	73 067.50	0.00	0.00	6 087.90
万能产品小计	299 982.23	0.00	2 842.63	0.00	58 561.88	554.89
意外伤害保险小计	167 402.02	38 405.86	298.50	0.00	0.00	0.00
一年期以内	49 344.25	9 996.01	0.00	0.00	0.00	0.00
一年期	118 057.77	28 409.85	298.50	0.00	0.00	0.00
健康保险小计	1 948 110.35	261 144.03	44 210.06	0.00	95.49	60 790.59
一年期（及一年期以内）	493 906.20	256 995.38	0.00	0.00	0.00	0.00
一年期以上	1 454 204.15	4 148.65	44 210.06	0.00	95.49	60 790.59
个人业务小计	**26 210 470.65**	**299 549.89**	**1 848 618.05**	**1 134 748.05**	**724 008.13**	**416 889.86**

注：截止日期为 2004 年底，经过计算整理而成。

数据来源：中国保监会。

附表 1－22 2004 年中国人身保险公司团体业务统计表

单位：万元

项目＼指标	保费收入	赔款支出	退保金	年金给付	满期给付	死伤医疗给付
人寿保险小计	4 437 999.33	0.00	1 093 166.57	462 857.53	490 750.15	10 655.96
非分红产品小计	1 171 795.37	0.00	576 145.75	186 449.57	403 121.97	8 042.83
定期寿险	17 778.25	0.00	4 255.50	1 385.32	1 014.00	2 794.47
两全寿险	15 638.42	0.00	10 075.51	17 366.77	81 289.80	2 303.27
终身寿险	39 329.30	0.00	42 853.43	934.93	26.34	594.97
年　金	1 099 049.40	0.00	518 961.31	166 762.55	320 791.83	2 350.12
分红产品小计	3 118 740.34	0.00	497 775.06	268 867.41	23 011.57	1 633.30
定期寿险	0.00	0.00	0.00	0.00	0.00	0.00
两全寿险	19 393.24	0.00	2 631.45	0.00	0.00	50.11
终身寿险	132.33	0.00	0.00	0.00	0.00	0.00
年　金	3 099 214.77	0.00	495 143.61	268 867.41	23 011.57	1 583.19
投资连接产品小计	59 101.23	0.00	19 227.95	7 540.55	4 598.68	398.09
万能产品小计	88 362.39	0.00	17.81	0.00	60 017.93	581.74
意外伤害保险小计	684 105.55	248 408.89	138.97	0.00	0.00	0.00
一年期以内	139 340.54	28 708.19		0.00	0.00	0.00
一年期	544 765.01	219 700.70	138.97	0.00	0.00	0.00
健康保险小计	682 565.13	522 454.12	67 732.86	0.00	394.67	25 083.19
一年期（及一年期以内）	597 293.55	522 408.33	0.00	0.00	0.00	0.00
一年期以上	85 271.58	45.79	67 732.86	0.00	394.67	25 083.19
团体业务小计	**5 804 670.01**	**770 863.01**	**1 161 038.40**	**462 857.53**	**491 144.82**	**35 739.15**

注：截止日期为 2004 年底，经过计算整理而成。

数据来源：中国保监会。

附录二

中国金融机构概览

附表 2－1　中国金融机构一览表

	名　称	家　数	备　注
银行业	政策性银行	3	附表 2－2
	国有商业银行	4	附表 2－3
	股份制商业银行	12	附表 2－4
	城市商业银行	112	附表 2－5
	城市信用社	681	略
	农村信用社	32 854	略
	农村合作银行	8	略
	农村商业银行	7	略
	外资银行营业性金融机构	211	略
	外资银行代表处	220	略
	金融资产管理公司	4	附表 2－6
	信托投资公司	59	附表 2－7
	财务公司	74	附表 2－8
	金融租赁公司	12	附表 2－9
	汽车金融公司	3	附表 2－10
	邮政储蓄机构	—	略
证券业	证券公司	131	附表 2－11
	基金管理公司	43	附表 2－12
	期货经纪公司	187	附表 2－13
	证券投资咨询机构	111	略
保险业	保险集团和控股公司	6	附表 2－14
	保险公司	69	附表 2－15
	保险资产管理公司	4	附表 2－16
	专业保险中介机构	1 317	略
	兼业保险中介机构	11 万多家	略

注：1. 本表及其附录二中其他表的统计均截至 2004 年 12 月末。

2. 附录二各表中的序号仅为方便统计，不代表各机构位次。

附表 2－2 政策性银行

1	国家开发银行
2	中国进出口银行
3	中国农业发展银行

附表 2－3 国有商业银行

1	中国工商银行
2	中国农业银行
3	中国银行
4	中国建设银行

附表 2－4 股份制商业银行

1	交通银行
2	中信实业银行
3	中国光大银行
4	华夏银行
5	广东发展银行
6	深圳发展银行
7	招商银行
8	上海浦东发展银行
9	兴业银行
10	中国民生银行
11	恒丰银行
12	浙商银行

附表 2－5　城市商业银行

1	北京银行	34	包头市商业银行
2	上海银行	35	太原市商业银行
3	天津市商业银行	36	大同市商业银行
4	重庆市商业银行	37	合肥市商业银行
5	沈阳市商业银行	38	安庆市商业银行
6	济南市商业银行	39	蚌埠市商业银行
7	南京市商业银行	40	淮北市商业银行
8	广州市商业银行	41	马鞍山市商业银行
9	深圳市商业银行	42	芜湖市商业银行
10	武汉市商业银行	43	福州市商业银行
11	成都市商业银行	44	泉州市商业银行
12	西安市商业银行	45	厦门市商业银行
13	哈尔滨市商业银行	46	常州市商业银行
14	大庆市商业银行	47	淮安市商业银行
15	齐齐哈尔市商业银行	48	连云港市商业银行
16	长春市商业银行	49	南通市商业银行
17	吉林市商业银行	50	苏州市商业银行
18	鞍山市商业银行	51	无锡市商业银行
19	大连市商业银行	52	徐州市商业银行
20	丹东市商业银行	53	盐城市商业银行
21	抚顺市商业银行	54	扬州市商业银行
22	阜新市商业银行	55	镇江市商业银行
23	葫芦岛市商业银行	56	南昌市商业银行
24	锦州市商业银行	57	赣州市商业银行
25	辽阳市商业银行	58	九江市商业银行
26	营口市商业银行	59	临沂市商业银行
27	石家庄市商业银行	60	青岛市商业银行
28	沧州市商业银行	61	日照市商业银行
29	廊坊市商业银行	62	潍坊市商业银行
30	秦皇岛市商业银行	63	威海市商业银行
31	唐山市商业银行	64	烟台市商业银行
32	张家口市商业银行	65	淄博市商业银行
33	呼和浩特市商业银行	66	莱芜市商业银行

续表

67	杭州市商业银行	90	宜昌市商业银行
68	湖州市商业银行	91	长沙市商业银行
69	嘉兴市商业银行	92	衡阳市商业银行
70	金华市商业银行	93	湘潭市商业银行
71	宁波市商业银行	94	岳阳市商业银行
72	绍兴市商业银行	95	株洲市商业银行
73	台州市商业银行	96	万州市商业银行
74	温州市商业银行	97	贵阳市商业银行
75	东莞市商业银行	98	遵义市商业银行
76	湛江市商业银行	99	德阳市商业银行
77	珠海市商业银行	100	乐山市商业银行
78	南宁市商业银行	101	泸州市商业银行
79	桂林市商业银行	102	绵阳市商业银行
80	柳州市商业银行	103	南充市商业银行
81	郑州市商业银行	104	攀枝花市商业银行
82	焦作市商业银行	105	自贡市商业银行
83	开封市商业银行	106	昆明市商业银行
84	洛阳市商业银行	107	兰州市商业银行
85	南阳市商业银行	108	西宁市商业银行
86	新乡市商业银行	109	宝鸡市商业银行
87	黄石市商业银行	110	咸阳市商业银行
88	荆州市商业银行	111	乌鲁木齐市商业银行
89	孝感市商业银行	112	银川市商业银行

附表 2－6 金融资产管理公司

1	中国华融资产管理公司
2	中国信达资产管理公司
3	中国东方资产管理公司
4	中国长城资产管理公司

附表 2－7　信托投资公司

1 中诚信托投资有限责任公司
2 中信信托投资有限责任公司
3 中国对外经济贸易信托投资有限责任公司
4 北京国际信托投资有限公司
5 国民信托投资有限责任公司
6 上海国际信托投资有限公司
7 华宝信托投资有限责任公司
8 上海爱建信托投资有限责任公司
9 中海信托投资有限责任公司
10 中泰信托投资有限责任公司
11 安信信托投资股份有限公司
12 天津信托投资有限责任公司
13 北方国际信托投资股份有限公司
14 重庆国际信托投资有限公司
15 新华信托投资股份有限公司
16 中融国际信托投资有限公司
17 吉林省信托投资有限责任公司
18 吉林泛亚信托投资有限责任公司
19 国投弘泰信托投资有限责任公司
20 大连华信信托投资股份有限公司
21 陕西国际信托投资股份有限公司
22 西部信托投资有限公司
23 西安国际信托投资公司
24 伊斯兰国际信托投资有限公司
25 甘肃省信托投资有限责任公司
26 金新信托投资股份有限公司
27 新疆国际信托投资有限责任公司
28 庆泰信托投资有限责任公司
29 内蒙古信托投资有限责任公司
30 新时代信托投资股份有限公司
31 山西省信托投资有限责任公司
32 山东国际信托投资有限责任公司
33 英大国际信托投资有限责任公司
34 青岛海协信托投资有限公司
35 百瑞信托投资有限责任公司
36 中原信托投资有限公司
37 江苏国际信托投资有限责任公司
38 苏州信托投资有限公司
39 国联信托投资有限责任公司
40 合肥兴泰信托投资有限责任公司
41 安徽国元信托投资有限责任公司
42 浙江省国际信托投资有限责任公司
43 杭州工商信托投资股份有限公司
44 金信信托投资股份有限公司
45 宁波市金港信托投资公司
46 联华国际信托投资有限公司
47 厦门国际信托投资有限责任公司
48 粤财信托投资有限公司
49 东莞信托投资有限公司
50 深圳国际信托投资有限责任公司
51 平安信托投资有限责任公司
52 湖北省国际信托投资有限公司
53 湖南省信托投资有限责任公司
54 江西国际信托投资股份有限公司
55 衡平信托投资有限责任公司
56 云南国际信托投资有限公司
57 黔隆国际信托投资有限责任公司
58 西藏自治区信托投资公司
59 河北省国际信托投资有限责任公司

附表 2-8 财务公司

1	中石化财务有限责任公司	34	中国南动集团财务有限责任公司
2	中国电力财务有限公司	35	中国南航集团财务有限责任公司
3	中海石油财务有限责任公司	36	珠海格力集团财务有限责任公司
4	神华财务有限公司	37	广东万家乐集团财务有限责任公司
5	兵器财务有限责任公司	38	一汽财务有限公司
6	五矿集团财务有限责任公司	39	吉林森林工业集团财务有限责任公司
7	中船重工财务有限责任公司	40	鞍钢集团财务有限责任公司
8	航天科工财务有限责任公司	41	西安飞机工业集团财务有限责任公司
9	中石油财务有限责任公司	42	西电集团财务有限责任公司
10	华能财务有限责任公司	43	华北制药集团财务有限责任公司
11	华北电力财务有限公司	44	耀华玻璃集团财务有限公司
12	中船财务有限责任公司	45	天津渤海集团财务有限责任公司
13	中远财务有限责任公司	46	深圳建设财务有限责任公司
14	中粮财务有限责任公司	47	深圳市有色金属财务有限公司
15	中核财务有限责任公司	48	大亚湾核电财务有限责任公司
16	江铃汽车集团财务有限公司	49	海尔集团财务有限责任公司
17	武汉钢铁集团财务有限责任公司	50	中国重型汽车财务有限责任公司
18	三江航天集团财务有限责任公司	51	国机财务有限公司
19	葛洲坝集团财务有限责任公司	52	海航集团财务有限公司
20	三峡财务有限责任公司	53	中国华电集团财务有限公司
21	中国洛阳浮法玻璃集团财务有限责任公司	54	中国航空集团财务有限责任公司
22	中国一拖集团财务有限责任公司	55	东风汽车财务有限公司
23	万向财务有限公司	56	四川东方电气集团财务公司
24	苏州创元集团财务有限责任公司	57	东方集团财务有限责任公司
25	上海汽车集团财务有限责任公司	58	中纺机集团财务有限责任公司
26	宝钢集团财务有限责任公司	59	航天科技财务有限责任公司
27	东航集团财务有限责任公司	60	国电财务有限公司
28	锦江国际集团财务有限责任公司	61	中电投财务有限责任公司
29	上海电气集团财务有限责任公司	62	大唐财务有限责任公司
30	上海浦东发展集团财务有限责任公司	63	南方电网财务有限公司
31	振华集团财务公司	64	中国电子财务有限责任公司
32	贵航集团财务公司	65	中汽财务有限责任公司
33	攀钢集团财务公司	66	中国长城财务有限责任公司

续表

67	中昊财务有限责任公司	71	广州白云山企业集团财务公司
68	东北制药集团财务公司	72	四通集团财务有限责任公司
69	东北输变电设备集团财务公司	73	中山集团财务有限责任公司
70	广州万宝电器集团财务公司	74	西门子财务服务有限责任公司

附表 2－9　金融租赁公司

1	中国外贸金融租赁公司
2	中国租赁有限公司
3	中国电子租赁有限公司
4	新世纪金融租赁有限公司
5	新疆金融租赁有限公司
6	河北金融租赁有限公司
7	山西金融租赁有限公司
8	浙江金融租赁股份有限公司
9	江苏金融租赁有限公司
10	四川金融租赁股份有限公司
11	西部金融租赁有限公司
12	深圳金融租赁有限公司

附表 2－10　汽车金融公司

1	上汽通用汽车金融有限责任公司
2	丰田汽车金融（中国）有限公司
3	大众汽车金融（中国）有限公司

附表 2－11　证券公司

1	中国银河证券有限责任公司	27	兴业证券股份有限公司
2	北京证券有限责任公司	28	闽发证券有限责任公司
3	中关村证券股份有限公司	29	广发华福证券有限责任公司
4	中国民族证券有限责任公司	30	广发证券有限责任公司
5	中国科技证券有限责任公司	31	广东证券股份有限公司
6	民生证券有限责任公司	32	广州证券有限责任公司
7	新时代证券有限责任公司	33	万联证券有限责任公司
8	航空证券有限责任公司	34	广东民安证券经纪有限责任公司
9	首创证券有限责任公司	35	华创证券经纪有限责任公司
10	中国国际金融有限公司	36	兴安证券有限责任公司
11	华夏证券股份有限公司	37	天元证券经纪有限责任公司
12	东北证券有限责任公司	38	江海证券经纪有限责任公司
13	长财证券经纪有限责任公司	39	金元证券有限责任公司
14	湘财证券有限责任公司	40	万和证券经纪有限责任公司
15	泰阳证券有限责任公司	41	海南省证券有限责任公司
16	恒信证券有限责任公司	42	金通证券股份有限公司
17	财富证券有限责任公司	43	金信证券有限责任公司
18	东海证券有限责任公司	44	方正证券有限责任公司
19	华西证券有限责任公司	45	天和证券经纪有限公司
20	四川省天风证券有限责任公司	46	财通证券经纪有限责任公司
21	成都证券经纪有限公司	47	国元证券有限责任公司
22	和兴证券经纪有限责任公司	48	华安证券有限责任公司
23	川财证券经纪有限责任公司	49	恒泰证券有限责任公司
24	大通证券股份有限公司	50	内蒙古日信证券经纪有限责任公司
25	大同证券经纪有限责任公司	51	联讯证券经纪有限责任公司
26	东莞证券有限责任公司	52	天同证券有限责任公司

续表 1

53	山东齐鲁证券经纪有限公司	79	北方证券有限责任公司
54	华林证券有限责任公司	80	中富证券有限责任公司
55	广发北方证券经纪有限责任公司	81	上海远东证券有限公司
56	红塔证券股份有限公司	82	上海久联证券经纪有限责任公司
57	西藏证券经纪有限责任公司	83	富成证券经纪有限公司
58	华龙证券有限责任公司	84	华欧国际证券有限责任公司
59	甘肃证券有限责任公司	85	长江巴黎百富勤证券有限责任公司
60	中天证券有限责任公司	86	大鹏证券有限责任公司
61	洛阳证券公司	87	国信证券有限责任公司
62	江南证券有限责任公司	88	中信证券股份有限公司
63	国盛证券有限责任公司	89	招商证券股份有限公司
64	华泰证券有限责任公司	90	长城证券有限责任公司
65	信泰证券有限责任公司	91	第一创业证券有限责任公司
66	南京证券有限责任公司	92	平安证券有限责任公司
67	国海证券有限责任公司	93	南方证券股份有限公司
68	天一证券有限责任公司	94	国都证券有限责任公司
69	万通证券有限责任公司	95	华鑫证券有限责任公司
70	海通证券股份有限公司	96	汉唐证券有限责任公司
71	申银万国证券股份有限公司	97	世纪证券有限责任公司
72	光大证券有限责任公司	98	中山证券有限责任公司
73	东方证券股份有限公司	99	深圳金牛证券经纪有限责任公司
74	国泰君安证券股份有限公司	100	众成证券经纪有限公司
75	上海证券有限责任公司	101	蔚深证券有限责任公司
76	中银国际证券有限责任公司	102	联合证券有限责任公司
77	亚洲证券有限责任公司	103	巨田证券有限责任公司
78	爱建证券有限责任公司	104	德邦证券有限责任公司

续表 2

105	沈阳诚浩证券经纪有限责任公司	119	西部证券有限责任公司
106	辽宁证券有限责任公司	120	健桥证券股份有限公司
107	河北证券有限责任公司	121	陕西开源证券经纪有限责任公司
108	河北财达证券经纪有限责任公司	122	西安华弘证券经纪有限责任公司
109	东吴证券有限责任公司	123	昆仑证券有限责任公司
110	中期证券经纪有限责任公司	124	三江源证券经纪有限公司
111	山西证券有限责任公司	125	厦门证券有限责任公司
112	渤海证券有限责任公司	126	西北证券有限责任公司
113	天津一德证券经纪有限责任公司	127	太平洋证券有限责任公司
114	宏源证券股份有限公司	128	中原证券股份有限公司
115	新疆证券有限责任公司	129	西南证券有限责任公司
116	国联证券有限责任公司	130	德恒证券有限责任公司
117	长江证券有限责任公司	131	第一证券有限公司
118	武汉证券有限责任公司		

附表 2－12 基金管理公司

1	华夏基金管理有限公司	23	中银国际基金管理公司
2	金鹰基金管理有限公司	24	东吴基金管理公司
3	广发基金管理有限公司	25	南方基金管理有限公司
4	国泰基金管理有限公司	26	博时基金管理有限公司
5	华安基金管理有限公司	27	鹏华基金管理有限公司
6	嘉实基金管理有限公司	28	长盛基金管理有限公司
7	富国基金管理有限公司	29	大成基金管理有限公司
8	银河基金管理有限公司	30	银华基金管理有限公司
9	湘财合银基金管理有限公司	31	宝盈基金管理有限公司
10	天同基金管理有限公司	32	融通基金管理有限公司
11	华宝兴业基金管理有限公司	33	长城基金管理有限公司
12	国联安基金管理有限公司	34	中融基金管理有限公司
13	海富通基金管理有限公司	35	招商基金管理有限公司
14	长信基金管理有限公司	36	巨田基金管理公司
15	泰信基金管理有限公司	37	景顺长城基金管理有限公司
16	天治基金管理有限公司	38	中信基金管理有限公司
17	兴业基金管理有限公司	39	诺安基金管理有限公司
18	申万巴黎基金管理公司	40	华富基金管理公司
19	国联基金管理公司	41	天弘基金管理有限公司
20	光大保德信基金管理公司	42	新世纪基金管理有限公司
21	上投摩根富林明基金管理公司	43	易方达基金管理有限公司
22	东方基金管理公司		

附表2-13 期货经纪公司

1	安徽安泰期货经纪有限公司	27	大连万恒期货经纪有限公司
2	安徽安兴期货经纪有限公司	28	辽粮期货经纪有限公司
3	安徽华物期货经纪有限责任公司	29	辽宁中期期货经纪有限公司
4	百福期货经纪有限公司	30	甘肃陇达期货经纪有限公司
5	北京首创期货经纪有限责任公司	31	长城伟业期货经纪有限公司
6	北京天星期货经纪有限公司	32	东莞市华联期货经纪有限公司
7	方圆期货经纪有限公司	33	广东宝利华期货经纪有限公司
8	冠通期货经纪有限公司	34	广东集成利期货经纪有限公司
9	华煜期货经纪有限公司	35	广东南金期货经纪有限公司
10	寰宇期货经纪有限公司	36	广东省寰球期货经纪有限公司
11	金宝期货经纪有限公司	37	广东泰峰期货经纪有限公司
12	金鹏期货经纪有限公司	38	广发期货经纪有限公司
13	京都期货经纪有限公司	39	华南期货经纪有限公司
14	经易期货经纪有限公司	40	江南期货经纪有限公司
15	中诚期货经纪有限责任公司	41	民安期货经纪有限公司
16	天成期货经纪有限责任公司	42	南海市海通期货经纪有限公司
17	五矿海勤期货经纪有限公司	43	南粤期货经纪有限公司
18	一德期货经纪有限公司	44	神通期货经纪有限公司
19	银建期货经纪有限责任公司	45	中天期货经纪有限公司
20	中钢期货经纪有限公司	46	海南海证期货经纪有限公司
21	中国中期期货经纪有限公司	47	海南金海岸期货经纪有限公司
22	中粮期货经纪有限公司	48	海南深海期货经纪有限公司
23	格林期货经纪有限公司	49	海南星海期货经纪有限公司
24	渤海期货经纪有限公司	50	金元期货经纪有限公司
25	大连北方期货经纪有限责任公司	51	万汇期货经纪有限公司
26	大连良运期货经纪有限公司	52	河北恒银期货经纪有限公司

续表 1

53	汉唐期货经纪有限公司	79	江苏东华期货经纪有限公司
54	河南万达期货经纪有限公司	80	江苏弘业期货经纪有限公司
55	河南正鑫期货经纪有限公司	81	江苏期望期货经纪有限公司
56	河南中期期货经纪有限公司	82	江苏苏物期货经纪有限公司
57	豫粮期货经纪有限公司	83	江苏文峰期货经纪有限责任公司
58	大通期货经纪有限公司	84	苏州中辰期货经纪有限公司
59	黑龙江北亚期货经纪有限公司	85	通宝期货经纪有限公司
60	黑龙江三力期货经纪有限责任公司	86	无锡国联期货经纪有限公司
61	黑龙江省龙兴期货经纪有限公司	87	新纪元期货经纪有限责任公司
62	黑龙江省天琪期货经纪有限公司	88	宜兴华证期货经纪有限公司
63	黑龙江延伸期货经纪有限公司	89	江西瑞奇期货经纪有限公司
64	湖北楚天期货经纪有限公司	90	鞍山五环期货经纪有限公司
65	长江期货经纪有限公司	91	辽宁汇鑫期货经纪有限公司
66	湖北省金龙期货经纪有限公司	92	沈阳建业期货经纪有限公司
67	美尔雅期货经纪有限公司	93	新中鞍期货经纪有限公司
68	武汉天立期货经纪有限公司	94	五洋期货经纪有限公司
69	湖南大有期货经纪有限责任公司	95	宁波杉立期货经纪有限公司
70	湖南金信期货经纪有限公司	96	弘信期货经纪有限公司
71	湖南泰阳期货经纪有限公司	97	青岛国大期货经纪有限公司
72	湖南湘正期货经纪有限责任公司	98	青岛金友期货经纪有限公司
73	长春金路期货经纪有限公司	99	财富期货经纪有限公司
74	吉林金昌期货经纪有限责任公司	100	鲁能金穗期货经纪有限公司
75	天富期货经纪有限公司	101	齐鲁期货经纪有限公司
76	天鸿期货经纪有限公司	102	三隆期货经纪有限公司
77	道通期货经纪有限公司	103	山东蓬达期货经纪有限公司
78	建证期货经纪有限责任公司	104	山东泉鑫期货经纪有限公司

续表 2

105	万杰鼎鑫期货经纪有限公司	131	上海万向期货经纪有限公司
106	烟台中州期货经纪有限公司	132	上海永大期货经纪有限公司
107	山西和合期货经纪有限公司	133	上海浙石期货经纪有限公司
108	山西三立期货经纪有限公司	134	上海中财期货经纪有限公司
109	山西物产期货经纪有限公司	135	上海中期期货经纪有限公司
110	山西中辉期货经纪有限公司	136	正大期货经纪有限公司
111	晟鑫期货经纪有限公司	137	中谷期货经纪有限公司
112	陕西省长安期货经纪有限公司	138	中信期货经纪有限责任公司
113	迈科期货经纪有限公司	139	浦发期货经纪有限公司
114	西安智德期货经纪有限公司	140	东银期货经纪有限公司
115	东航期货经纪有限责任公司	141	金瑞期货经纪有限公司
116	华高期货经纪有限公司	142	深圳金汇期货经纪有限公司
117	上海大陆期货经纪有限公司	143	深圳金牛期货经纪有限公司
118	上海东方期货经纪有限责任公司	144	深圳鹏鑫期货经纪有限公司
119	上海东亚期货经纪有限公司	145	深圳实达期货经纪有限责任公司
120	上海黄海期货经纪有限公司	146	深圳市平安期货经纪有限公司
121	上海金城期货经纪有限公司	147	深圳新基业期货经纪有限公司
122	上海金鹏期货经纪有限公司	148	中国国际期货经纪有限公司
123	上海金源期货经纪有限责任公司	149	神华期货经纪有限公司
124	上海久恒期货经纪有限公司	150	中航期货经纪有限公司
125	上海久联期货经纪有限公司	151	成都倍特期货经纪有限公司
126	上海良茂期货经纪有限公司	152	成都大业期货经纪有限公司
127	上海南都期货经纪有限责任公司	153	天意期货经纪有限责任公司
128	上海普民期货经纪有限公司	154	成都瑞达期货经纪有限公司
129	上海实友期货经纪有限公司	155	冠华期货经纪有限公司
130	上海外高桥期货经纪有限公司	156	四川嘉陵期货经纪有限责任公司

续表 3

157	四川天元期货经纪有限公司	173	浙江金达期货经纪有限公司
158	科信期货经纪有限公司	174	浙江金迪期货经纪有限公司
159	和融期货经纪有限责任公司	175	浙江良时期货经纪有限公司
160	天津金谷期货经纪有限公司	176	浙江南华期货经纪有限责任公司
161	鑫国联期货经纪有限公司	177	浙江省永安期货经纪有限公司
162	津投期货经纪有限公司	178	浙江天地期货经纪有限公司
163	厦门国贸期货经纪有限公司	179	浙江天马期货经纪有限公司
164	新疆汇和期货经纪有限公司	180	浙江新华期货经纪有限公司
165	新疆璐通期货经纪有限公司	181	浙江新世纪期货经纪有限公司
166	新疆天利期货经纪有限公司	182	浙江中大期货经纪有限公司
167	新天期货经纪有限公司	183	大华期货经纪有限公司
168	滨海期货经纪有限公司	184	华夏期货经纪有限公司
169	云晨期货经纪有限公司	185	西南期货经纪有限公司
170	云商日盛期货经纪有限公司	186	重庆港九期货经纪有限公司
171	浙江大地期货经纪有限公司	187	重庆先融期货经纪有限公司
172	浙江大越期货经纪有限责任公司		

附表 2－14　保险集团和控股公司

1	中国人保控股公司
2	中国人寿保险（集团）公司
3	中国再保险（集团）公司
4	中国太平洋保险（集团）有限公司
5	中国平安保险（集团）股份有限公司
6	中国保险（控股）有限公司

附表 2－15 保险公司

1	中国人民财产保险股份有限公司
2	中国人寿保险股份有限公司
3	中国人寿保险（海外）股份有限公司
4	中国财产再保险股份有限公司
5	中国人寿再保险股份有限公司
6	中国大地财产保险股份有限公司
7	太平保险有限公司
8	太平人寿保险有限公司
9	太平养老保险股份有限公司
10	中国出口信用保险公司
11	民生人寿保险股份有限公司
12	中华联合财产保险公司
13	中国太平洋财产保险股份有限公司
14	中国太平洋人寿保险股份有限公司
15	中国平安财产保险股份有限公司
16	中国平安人寿保险股份有限公司
17	平安养老保险股份有限公司
18	新华人寿保险股份有限公司
19	泰康人寿保险股份有限公司
20	华泰财产保险股份有限公司
21	天安保险股份有限公司
22	大众保险股份有限公司
23	华安财产保险股份有限公司
24	永安财产保险股份有限公司
25	生命人寿保险股份有限公司
26	东方人寿保险股份有限公司
27	永诚财产保险股份有限公司

续表 1

28	安信农业保险股份有限公司
29	安邦财产保险股份有限公司
30	天平汽车保险股份有限公司
31	安华农业保险股份有限公司
32	阳光农业相互保险公司
33	国泰人寿保险有限责任公司
34	中宏人寿保险有限公司
35	太平洋安泰人寿保险有限公司
36	安联大众人寿保险有限公司
37	金盛人寿保险有限公司
38	中保康联人寿保险有限公司
39	信诚人寿保险有限公司
40	恒康天安人寿保险有限公司
41	中意人寿保险有限公司
42	光大永明人寿保险有限公司
43	首创安泰人寿保险有限公司
44	海尔纽约人寿保险有限公司
45	中英人寿保险有限公司
46	海康人寿保险有限公司
47	招商信诺人寿保险有限公司
48	广电日生人寿保险有限公司
49	恒安标准人寿保险有限公司
50	瑞泰人寿保险有限公司
51	中美大都会人寿保险有限公司
52	香港民安保险有限公司①
53	美国友邦保险有限公司②
54	美亚保险公司③

续表 2

55	东京海上火灾保险株式会社上海分公司
56	丰泰保险（亚洲）有限公司上海分公司
57	皇家太阳联合保险公司上海分公司
58	美国联邦保险股份有限公司上海分公司
59	三井住友海上火灾保险公司上海分公司
60	韩国三星火灾海上保险有限公司上海分公司
61	中银集团保险有限公司深圳分公司
62	安联保险公司广州分公司
63	日本财产保险公司大连分公司
64	慕尼黑再保险公司北京分公司
65	瑞士再保险公司北京分公司
66	利宝互助重庆分公司
67	科隆再保险有限公司
68	法国安盟保险公司成都分公司
69	中法人寿保险有限责任公司

注：① 包括深圳分公司和海口分公司；② 包括广州分公司、深圳分公司、北京分公司和苏州分公司；③ 包括上海分公司、广州分公司和深圳分公司。

附表 2－16　保险资产管理公司

1	中国人保资产管理有限公司
2	中国人寿资产管理公司
3	中再资产管理股份有限公司
4	华泰资产管理有限公司

责任编辑：李祥玉　亓　霞　戴　硕　张　铁
责任校对：刘　明
责任印制：裴　刚

图书在版编目（CIP）数据

中国金融稳定报告.2005（Zhongguo Jinrong Wending Baogao.2005）/中国人民银行金融稳定分析小组.—北京：中国金融出版社，2005.10
ISBN 7－5049－3839－4

Ⅰ.中…　Ⅱ.中…　Ⅲ.金融市场－研究报告－中国－2005　Ⅳ.F832.5

中国版本图书馆CIP数据核字（2005）第115817号

出版发行　中国金融出版社
社址　北京市广安门外小红庙南里3号
市场开发部　（010）63272190，66070804（传真）
网上书店　http://www.chinafph.com　（010）63286832，63365686（传真）
读者服务部　（010）66070833，82672183
邮编　100055
经销　新华书店
印刷　北京佳信达印刷有限公司
尺寸　210毫米×285毫米
印张　13.25
字数　251千
版次　2005年10月第1版
印次　2005年10月第1次印刷
定价　185.00元